Cinéma & Sciences Humaines

Xavier de France

éléments
de scénographie
du cinéma

(2ème édition)

Université Paris X -FRC

éléments
de scénographie du cinéma

Collection Cinéma & Sciences humaines

ISSN 0755 - 1673

Editeur :   Université Paris X – Formation de
                Recherches Cinématographiques.
                n° 904 761

Diffuseur :   Publidix
                200, av. de la République
                92001 - Nanterre

ISBN   2 - 904 761 - 07 - 1

Copyright F.R.C. Paris X – 1989

Dépôt légal   Juin 1989
1ère édition   1982

SOMMAIRE

INTRODUCTION

Appareil permettant de créer mécaniquement l'illusion du mouvement, le cinématographe est apparu, lors de son invention, comme un moyen de conserver du passé une image susceptible d'intéresser les savants et les amateurs de souvenirs. Par la suite, essayer de prouver que le cinématographe est autre chose qu'un simple instrument de reproduction est devenu l'un des buts les plus fréquents de la recherche sur le cinéma. Dans l'ensemble des essais tentés pour y parvenir, se sont imposées deux argumentations, souvent combinées, qui ont l'inconvénient de négliger les fondements techniques. A trop vouloir prouver que le cinéma ne peut être seulement considéré comme un instrument, on est enclin à rejeter au second plan le fait qu'il en est un, et, par la même, à se priver du secours des multiples disciplines dont relève l'analyse des techniques, parmi lesquelles figurent notamment les sciences sociales.

L'une de ces argumentations conduit à ranger le cinéma parmi les arts, grâce à des comparaisons portant généralement sur la peinture, le théâtre, la musique ; l'autre à le considérer comme un langage, en employant les notions qu'ont forgées linguistes, sémiologues, informaticiens, théoriciens de la communication. Comme procédures de légitimation et moyens de connaissance, ces deux argumentations apparaissent aujourd'hui tout à fait recevables, les objections ne portant plus sur la démarche elle-même, mais seulement sur les modalités. Il convient en revanche, maintenant que le cinéma n'est plus seulement considéré comme un moyen de reproduction, d'examiner ce que peut gagner la recherche à ranger le cinéma, non seulement parmi les arts et les langages, mais encore parmi les techniques, dont font partie les arts, et plus généralement parmi les artifices, dont font partie les techniques, les arts et les langages. On débouche alors sur une perspective où se dégagent plus clairement les raisons pour lesquelles le film permet le développement d'un art et d'un langage spécifiques. En effet, nous verrons comment, dans cette perspective, la reproduction cinématographique de certaines manifestations sensibles de la réalité apparaît comme le fondement d'un double artifice, constitué par la simulation conjointe de l'appréhension directe et de l'expression verbale. Plus précisément, nous verrons quel bénéfice la connaissance du cinéma peut tirer de l'analyse parallèle de ces deux formes de simulation et de la prise en compte simultanée des stratégies correspondantes. Une importance particulière sera donnée à l'unité qui sous-tend l'articulation des deux principaux corps de notions permettant cette double étude.

L'un de ces deux ensembles se caractérise par des notions relevant de la scénographie générale, discipline qui traite notamment de la manière dont sont agencés et mis en valeur les constituants sensibles des représentations matérielles. L'autre ensemble comprend des notions relevant d'abord de la logique et des autres sciences du sens. Leur emploi concerne, d'une part, l'expression cinématographique, et, d'autre part, le rapport entre cette expression et les représentations matérielles qui en constituent le fondement sensible.

Par représentations matérielles, nous entendrons aussi bien, en opposition aux représentations mentales d'ordre mémoriel ou imaginatif, d'une part les représentations fondées sur des traces persistantes, que leurs manifestations soient fluentes, comme en cinéma, ou statiques, comme en sculpture, peinture, photographie, etc ; d'autre part les représentations dont les manifestations sont fluentes mais dont le support est fugace, et par lesquelles sont caractérisés mime, danse, rites, cérémonies, théâtre, opéra, etc. A cette dernière classe, qui joint support fugace et manifestations fluentes, seront rattachés les faits et gestes de la vie quotidienne. En effet, nous verrons qu'il convient, pour l'unification du champ théorique, de reprendre la tradition des Cyniques grecs, pour lesquels l'homme est toujours en représentation, si bien que l'on peut considérer la vie comme un immense théâtre où chacun joue son rôle.

Aux représentations matérielles feront pendant, non seulement les représentations mentales, mais encore ce qui n'est pas susceptible d'être représenté – ni dans l'ordre sensible de ce que l'on montre, ni dans l'ordre quasi sensible de ce qui fait l'objet d'évocations concrètes – mais seulement exprimé avec plus ou moins de bonheur. Le montré, le montrable suggéré et le non montrable formeront ainsi le groupe des catégories scénographiques fondamentales (1). Dans l'ordre de l'expression, nous leur ferons correspondre : au montré, l'icône ; au montrable suggéré, l'indice ; au non montrable, le signe conventionnel et le symbole. Il sera tenu compte du fait que l'évocation concrète a besoin, en plus du support biologique que constituent les traces mémorielles, du support montrable qu'est l'indice. Il en ira de même pour le signe arbitraire et le symbole, dont le contenu ne peut être montré, mais qui ont besoin de supports montrables de l'ordre de l'icône, de l'indice ou de la représentation conventionnelle. Ainsi pourrons-nous considérer que les représentations matérielles remplissent, outre leur fonction fondamentale de manifestations du montré, comme les traits d'identification qui permettent la reconnaissance d'une pierre ou d'une plante, les fonctions de représentations indicielles, comme les empreintes que laisse un animal, de représentations conventionnelles arbitraires, comme les signaux du code de la route, et de représentations conventionnelles symboliques, comme le crucifix.

Cependant, outre l'univers de l'expression, et l'univers de l'action et du réel, qui est celui du montré, les représentations matérielles concernent, dès le niveau des faits et gestes de la vie quotidienne, l'univers des valeurs. Il peut s'agir aussi bien des valeurs prosaïques, comme celles dont relève le code de la route, que des valeurs plus élevées, comme celles qui constituent, dans la culture judéo-chrétienne, la morale de l'amour. Aussi faudra-t-il tenir compte du fait que la représentation cinématographique des activités humaines, comme toute représentation matérielle, a une portée prescriptive, que le spectateur accepte ou rejette, mais sur laquelle il est conduit, d'une manière plus ou moins spontanée, à se faire une religion. C'est en effet l'une des attitudes qui se manifestent le plus facilement lors des débats suivant les projections. Elle fait apparaître que les actes représentés sont considérés comme de bons ou de mauvais exemples. Plus précisément, elle marque l'importance qu'ont les actes comme véhicule des prescriptions, et que Diogène le cynique illustrait sur la place publique, en prêchant par l'exemple la pratique de l'onanisme. Plus généralement, elle témoigne de la fonction qui est dévolue au cinéma, comme à tous les moyens d'expression et de communication, dans la transmission de la culture et le développement de la vie sociale. Ce sont, en effet, beaucoup moins les actes représentés considérés en eux-mêmes qui retiennent l'attention du spectateur que les manières d'agir dont ils constituent la manifestation la plus directe (2). Plus les activités représentées suscitent la louange ou le blâme, plus le spectateur devient susceptible d'être affecté, au plus profond de lui-même, par les manières d'agir que propose le spectacle. Autrement dit, plus l'impression morale a de force, plus jugement et sentiment vont de pair. Ainsi retrouve-t-on, dans la sollicitation dont le spectateur fait l'objet, l'équivalent de ce que les sophistes dénommaient la force du discours. On retrouve, plus précisément, l'unité que l'ancienne rhétorique avait remarquée entre l'ithos et le pathos (3).

Sans doute le cinéma ne montre-t-il pas toujours des activités humaines. Mais ce sont toujours des humains qui utilisent le cinéma pour montrer quelque chose. Or ce qui vaut pour les activités montrées vaut pour les activités du montreur, c'est-à-dire du cinéaste. De ce fait, dans le film non figuratif, si le spectateur n'a pas à juger d'une histoire humaine que l'on montre, comme dans le film de fiction ou dans le film documentaire, du moins lui reste-t-il à juger d'un moment de l'histoire du montreur. De même, quel que soit le genre du film, la double impression morale et affective fait que les activités montrées ne forment pas seulement une histoire au sens positiviste du terme, mais encore une histoire exemplaire. Sans doute ne s'agit-il pas nécessairement d'une histoire sainte, au propre comme au figuré. C'est ainsi que de nombreux esprits s'alarment de voir le cinéma contribuer à la dégradation du patrimoine spirituel que véhiculent tradition orale et culture écrite. Cependant il s'agit toujours d'une histoire où les activités montrées sont rapportées à l'univers des valeurs, et revêtent, de ce fait, le caractère légendaire qui les rattache à l'imaginaire culturel. Ainsi verrons-nous de quelle manière la mise en scène cinématographique concerne en même temps, au double plan cognitif et affectif, la dynamique de l'action, le prestige des normes et la profondeur de l'expression.

Toutefois la question des valeurs ne sera directement abordée que dans la dernière et cinquième partie, à propos des modes et des niveaux de la sollicitation du spectateur. Auparavant, nous traiterons principalement de la relation qu'établit le cinéma entre la représentation matérielle et les autres formes de représentation, et qui sera rapportée, dès la première partie, à l'unité indissociable du montré et de l'exprimé. Outre les représentations mentionnées plus haut, comme la représentation indicielle, sera considérée, dans la deuxième partie, la représentation mentale du montrable suggéré. La troisième partie portera notamment sur l'opposition entre la priorité pragmatique de la représentation matérielle et la prédominance globale des formes de représentation concernant l'exprimé. A propos des phases préparatoires du tournage et du montage, nous aborderons, dans la quatrième partie, le développement conjoint de la représentation matérielle et de la représentation mentale, tel qu'il est sous-tendu par la complémentarité de la mise en scène et du scénario. Ainsi pourrons-nous plus facilement pénétrer, au cours de la dernière partie, certaines des raisons qui fondent, dans la simulation cinématographique, l'unité de l'histoire positivement montrée et de l'épiphanie légendaire.

I. OBJET DE L'ANALYSE SCÉNOGRAPHIQUE

1. Inséparabilité de la monstration et de l'expression

L'emploi de l'outillage cinématographique est subordonné à deux fonctions que l'on ne peut séparer, la monstration et l'expression.

Reconstituées par reproduction, ou figuration (dessin animé), des manifestations visuelles et sonores sont offertes à l'appréhension sensorielle du spectateur, à l'exception de celles dont l'estompage est si fort qu'elles ne sont pas appréhendées (présenté non aperçu). Présentées d'une manière plus ou moins ostensible (degré de soulignement), elles se prêtent par là-même à la monstration. De cette première fonction ces manifestations ne sont pas nécessairement l'objet principal, mais seulement l'objet immédiat. En effet l'objectif prioritaire de leur mise en scène peut être de porter à l'attention du spectateur, de la manière la plus concrète, les êtres vivants ou inanimés dont elles forment les apparences et les traits d'identification.

En même temps qu'un ensemble d'apparences et de traits d'identification, les manifestations présentées constituent nécessairement la matière d'une expression, soit "naturelle" (indices), soit conventionnelle (signes, signaux, symboles, figures de rhétorique visuelle, etc.). Cette expression étend la portée de la mise en scène au-delà de ce qui est montré au spectateur. Elle peut, en même temps, renforcer la monstration, une partie du montré bénéficiant tout à la fois de la force du soulignement et de la mise en jeu de la valeur expressive. Par exemple, dans le film de Chantal Ackerman *Jeanne Dielmann* (1975), le lavage de la vaisselle par l'héroïne, longuement montrée de dos en plan fixe, permet à la réalisatrice de faire ressortir l'attitude corporelle, tout comme la longueur de la tâche, et par là-même d'en exprimer la monotonie. C'est dire qu'une telle expression, obtenue par l'occultation des phases de la vaisselle et l'insistance avec laquelle sont montrés certains de ses aspects, contribue à maintenir sur ces aspects l'attention du spectateur.

Inversement, l'expression peut prendre le pas sur la monstration (effacement du souligné derrière ce qu'il exprime). Cela se produit notamment quand l'objectif prioritaire est de porter à l'attention du spectateur ce que l'on ne peut montrer (idées ou sentiments, mécanismes matériels non visibles, etc.). Ainsi, dans le film de Roberto Rossellini *L'amour est le plus fort* (*Viaggio in Italia*, 1953), l'héroïne visite les musées, les églises et les catacombes de Naples, le détail de ce qu'elle regarde faisant l'objet d'une monstration suffisamment rapide pour que l'attention du spectateur demeure, pour l'essentiel, centrée sur les problèmes personnels exprimés par de très courts monologues et suggérés par l'ensemble de la mise en scène.

A l'inséparabilité de la monstration et de l'expression fait pendant leur unité dans l'accomplissement de diverses fonctions qui découlent de leur exercice conjoint. Parmi ces fonctions dérivées, l'une des plus importantes est celle qui consiste dans la simulation d'un univers sensible. Cet univers se caractérise notamment par un espace et un temps qui débordent l'espace délimité par les contours de l'écran (espace du champ) et le temps qui lui correspond (temps de chaque enregistrement d'un seul tenant ou temps du plan). De ce fait, l'espace et le temps simulés – que l'on peut appeler espace et temps de l'action – résultent d'une double simulation. Ils comprennent, en effet :

– l'espace et le temps simulés d'une manière directe, par la monstration d'apparences et de traits d'identification (espace du champ et temps du plan) ;

– l'espace et le temps simulés d'une manière indirecte (espace hors-champ et temps hors-plan), grâce à la mise en jeu de la valeur expressive du montré.

Cette double simulation directe et indirecte porte aussi sur les manifestations visuelles et sonores qui la rendent possible. En effet, ces manifestations font l'objet d'une simulation qui tend à les faire apparaître comme les manifestations directes d'êtres vivants ou inanimés, c'est-à-dire comme des apparences et des traits d'identification appréhendés d'une manière immédiate et non par l'intermédiaire de copies. Cette illusion partielle fonde l'impression de réalité que suscite le spectacle cinématographique. Elle est renforcée par le fait que les manifestations visuelles et sonores apparaissent aussi comme les manifestations indirectes (indices, signes, signaux, etc.) :

– d'êtres dont une partie au moins est présentée (monstration renforcée par l'expression) ;

– ou d'êtres dont aucune partie n'est présentée, et qui sont supposés occuper, selon une probabilité variable (degré de "suspense"), l'espace hors-champ et le temps hors-plan.

Ainsi, de l'univers sensible porté à l'attention du spectateur, les êtres situés dans l'espace du champ et le temps du plan forment la partie présentée. Quant à la partie non présentée, elle est constituée par l'ensemble de ce qui est supposé présent mais caché, passé ou non encore advenu. Parmi les êtres supposés présents mais cachés figure le spectateur, qui occupe dans l'espace et le temps de l'action une position fictive. Comme c'est le cas pour tout être supposé hors-champ, sa position est suggérée par les indices dont sont porteurs les êtres situés dans le champ, tels que l'espace que ces êtres occupent sur l'écran, pour ce qui a trait à la distance, et l'angle sous lequel ils apparaissent, pour ce qui a trait à l'orientation. De la mise en scène dont il est le destinataire, le spectateur tend ainsi à devenir l'un des objets. Le réalisateur lui assigne une position fictive susceptible de diverses modifications et lui fait suivre, par là-même, un itinéraire dans le développement des procès qui s'inscrivent dans l'espace et le temps simulés. Grâce au mécanisme de l'illusion partielle, les indices peuvent, par exemple, donner au spectateur l'impression qu'il se déplace d'une manière progressive ou saltatoire dans l'espace de l'action. En même temps ils lui rappellent, par ce qui distingue ces déplacements des formes de locomotion caractéristiques de l'appréhension directe, qu'il ne se déplace pas réellement dans cet espace, mais demeure immobile dans l'espace où sont disposés l'écran et l'appareil de projection.

Cependant l'exercice conjoint des fonctions de monstration et d'expression ne concerne pas seulement la simulation d'un univers sensible où le spectateur occupe une position fictive. Il peut en effet comprendre l'emploi de supports d'expression (indices, signes, signaux, etc.) qui ne renvoient pas directement le spectateur à l'espace et au temps de l'action dans lesquels se développent les procès formant cet univers. Ainsi la musique jouée par des instrumentistes qui ne sont pas des agents des procès filmés est-elle offerte au spectateur à partir d'une source qui n'est pas située dans l'espace et le temps de l'action, comme c'est le cas de la position du spectateur et des manifestations de ces agents, mais dans un autre univers que l'artifice permet de rattacher d'une manière indirecte à l'univers de l'action. Définis par l'absence de renvoi direct à l'espace et au temps de l'action, de tels supports d'expression constituent les registres annexes, par opposition aux supports d'expression qu'un tel renvoi caractérise, et qui forment le registre central.

Le registre central n'est pas nécessairement le registre principal. Il arrive, en effet, qu'il constitue une sorte de présentoir secondaire destiné à illustrer, d'une manière plus ou moins précise, les paroles d'un commentateur extérieur aux procès filmés, comme c'est très souvent le cas dans les films documentaires classiques. Inversement, les registres annexes peuvent se réduire à l'ensemble constitué par le titre et le générique du film. C'est dire que l'importance relative du registre central et des registres annexes caractérise l'une des formes de dosage données par le réalisateur à l'exercice conjoint des fonctions de monstration et d'expression.

2. Lois scénographiques

Si l'inséparabilité de la monstration et de l'expression est l'un des aspects contraints du fonctionnement de l'outillage filmique, le dosage de l'importance relative des deux fonctions est l'un des aspects laissés à la discrétion du réalisateur. Sans doute le dosage est-il en lui-même inévitable au même titre que l'inséparabilité. Mais il en va autrement de ses modalités. Elles constituent la matière des options du réalisateur et, par là même, l'un des principaux objets de la stratégie qui préside à l'élaboration d'un film. Quant à la considération des rapports entre contraintes et options, elle fait partie des réflexions stratégiques du réalisateur et constitue l'un des objets de la scénographie. Cette discipline a pour domaine les diverses formes de monstration et d'expression envisagées du point de vue de la mise en scène. Elle étudie la manière dont le réalisateur peut présenter les manifestations visuelles et sonores qu'il compte utiliser comme éléments de monstration (apparences et traits d'identification) et comme supports d'expression (indices, signes, signaux, symboles, figures de rhétorique visuelle, etc.). Elle analyse notamment les formes que peut revêtir cette présentation, telle qu'elle est déterminée par des contraintes et subordonnée à des options : déterminée par des contraintes constantes, comme celles qui découlent de l'inséparabilité de la monstration et de l'expression, ou variables, comme celles qui tiennent aux limites imposées par les divers types d'instrumentation ;

subordonnée aux options que permet d'adopter la marge de liberté laissée par les contraintes.

Les contraintes constantes comprennent l'ensemble des lois scénographiques, dont certaines sont communes aux divers moyens d'appréhension et d'expression. C'est ainsi que l'appréhension filmique est soumise, comme l'appréhension directe, à des contraintes de limitation, parmi lesquelles figure la loi d'exclusion partielle ou totale, en vertu de laquelle on ne peut appréhender une chose sans que l'appréhension d'autres choses s'en trouve empêchée (exclusion totale) ou gênée (exclusion partielle). Dans son application à l'activité du réalisateur, cette loi se manifeste par le fait que celui-ci n'a pas la possibilité de montrer une chose sans en estomper et sans en masquer d'autres. Sans doute le réalisateur peut-il compenser les effets de la loi d'exclusion par la présentation dans le successif de ce qu'il ne peut montrer dans le simultané ; et/ou par la mise en jeu de la valeur expressive de ce qu'il montre. Mais une telle compensation a des limites. En effet, le réalisateur se heurte aux contraintes d'encombrement (4), telles que la loi de proportion inverse ("plus on en met, moins il en passe") qui détermine, entre autres choses, la mesure dans laquelle le réalisateur peut solliciter à plusieurs niveaux l'attention du spectateur. Autrement dit les contraintes constantes sont irréductibles par nature, bien qu'elles se révèlent susceptibles d'une certaine atténuation, grâce à l'emploi des procédés de compensation.

Les contraintes variables sont constituées par divers facteurs qui déterminent les conditions d'application des lois scénographiques, et par là même, les modalités sous lesquelles se manifestent les contraintes constantes. C'est ainsi que les contraintes de limitation s'exercent dans des conditions changeantes, régies notamment par des facteurs d'ordre technique (contraintes instrumentales) ou pratique (circonstances de la réalisation). Il s'agit, par exemple, des raisons matérielles qui déterminent le degré de fragmentation du temps (durée maximale de la détente du ressort dans les caméras munies de moteurs mécaniques, longueur de la pellicule contenue dans le magasin des caméras électriques).

Aux contraintes font pendant les options, c'est-à-dire les divers choix que permet au réalisateur la marge de liberté laissée par les contraintes à l'exercice des fonctions de monstration et d'expression. Ainsi, la loi d'exclusion partielle ou totale oblige, certes, le réalisateur à répartir le reproductible entre le montré et l'occulté (délimitation : option tranchée), et le reproduit entre le souligné et l'estompé (dosage : option graduelle). En effet, appliquée à la monstration, cette loi se manifeste par le fait que le réalisateur n'a pas la possibilité de montrer une chose sans en estomper et sans en masquer d'autres. De même, appliquée à l'expression, elle contraint le réalisateur à des options tranchées (exprimé/non exprimé), l'omission constituant l'équivalent de l'occultation ; et à des options graduelles (mentionné expressément/suggéré), la suggestion, expression discrète ou vague, constituant l'équivalent d'une faible monstration. Cependant la contrainte consiste simplement dans le fait que le réalisateur ne saurait échapper à la nécessité de procéder à la répartition, car il ne peut tout montrer ni tout exprimer d'un seul coup. Qu'il s'agisse des délimitations (options tranchées) ou des dosages (options graduelles), la répartition comme telle est l'objet d'un choix forcé. Elle est une activité obligatoire sans laquelle l'outillage cinématographique ne pourrait fonctionner. En revanche, par rapport à la loi d'exclusion, les contenus respectifs de la monstration et de l'expression font l'objet d'un libre choix. C'est à l'égard d'autres raisons que tel ou tel contenu peut éventuellement faire l'objet d'un choix contraint.

Si la loi d'exclusion (contraintes de limitation) empêche le réalisateur de tout montrer et de tout exprimer d'un seul coup, la loi de proportion inverse (contrainte d'encombrement : "plus on en met, moins il en passe") l'oblige à choisir les contenus de la monstration et de l'expression avec d'autant plus de soin qu'il veut être sûr de les porter à l'attention du spectateur. En effet, les discussions qui suivent les projections font apparaître que, d'un spectateur à l'autre, et d'un examen à l'autre chez le même spectateur, ce ne sont pas tout à fait les mêmes séries de manifestations visuelles et sonores que l'on appréhende. Pour compenser un tel effet des contraintes d'encombrement, le réalisateur peut notamment présenter des séries plus ou moins équivalentes, ce qui permet d'éviter ou du moins de diminuer les divergences d'interprétation. Par exemple, dans le film de Peter Fleischmann *La Faille* (1975), une séquence est consacrée aux évènements qui suivent immédiatement la mort d'un homme qui s'est jeté par la fenêtre d'un immeuble. Elle permet d'assister à l'arrivée de l'ambulance venue prendre le cadavre comme au départ de la voiture transportant les policiers chargés d'arrêter la compagne du mort. Tournée en plan d'ensemble, elle ne privilégie aucune des opérations simultanées se déroulant devant l'immeuble, et concernant, soit le travail des ambulanciers, soit l'arrestation. Toutefois, dans chacune de ces opérations, le jeu des acteurs est réglé de manière à exprimer l'atmosphère inquiétante qui règne dans un Etat totalitaire. Ainsi, que le spectateur considère, dans son ensemble, le déroulement de cette scène complexe, qu'il centre son attention sur l'une des séries d'opérations, ou qu'il passe d'une série à l'autre, sa participation à la mise en scène s'effectue d'une manière conforme aux intentions du réalisateur. Autrement dit, l'emploi de la redondance, comme toute autre option relative à l'encombrement, permet seulement d'intégrer dans l'économie de la mise en scène, l'une des raisons qui font du spectateur une sorte de co-réalisateur.

Empêchant l'appréhension de tout le présenté, l'encombrement suscite, en effet, chez tout spectateur, et d'une manière qui varie plus ou moins d'un spectateur à l'autre, une répartition du présenté entre l'aperçu et l'inaperçu. Analogue à la répartition du reproductible, effectuée par le réalisateur, entre le présenté et l'occulté, cette répartition apparaît comme l'une des activités de finition par lesquelles le spectateur apporte la dernière touche au produit demi-fini offert par le réalisateur.

Le soulignement de certaines séries de manifestations visuelles et sonores est une autre des options qui ont pour finalité de réduire les différences entre les formes d'appréhension des spectateurs. Il permet en effet de diminuer, au plan de la monstration, le degré de fouillis ; au plan de l'expression, le degré d'ambiguïté. Une telle diminution joue un rôle essentiel dans tous les cas où le réalisateur souhaite que le propos du film ressorte clairement. La raison en est que le fouillis et l'ambiguïté figurent parmi les principaux inconvénients des contraintes d'encombrement.

Au plan de la monstration, le fouillis constitue l'une des manifestations de la loi de proportion inverse ("plus on en met, moins il en passe"). C'est ainsi que la plupart des premiers films ethnographiques portant sur des cérémonies religieuses se caractérisent par un entrelacement tellement complexe des faits et gestes des personnes participantes qu'ils ne peuvent donner au spectateur, à la première vision, qu'une idée très confuse de l'articulation des rites, malgré les indications fournies par le commentaire. Il a été possible, par la suite, de limiter le fouillis, grâce aux techniques de soulignement dont l'emploi des caméras légères a permis l'adoption. La réflexion sur les premiers films et les possibilités offertes par ces caméras ont ainsi conduit les ethnologues à constater que l'articulation des rites apparaît plus nettement quand le réalisateur diminue les vues d'ensemble et s'attache à suivre de près le détail de certaines activités.

Au plan de l'expression, l'ambiguïté constitue, en même temps que l'une des manifestations de la loi de proportion inverse, l'une des conséquences de l'inévitable mise en jeu de la valeur expressive du présenté. En effet, si tout le présenté n'est pas appréhendé par le spectateur, en revanche l'appréhendé déborde ce qui est présenté, les éléments de monstration constituant nécessairement des supports d'expression. Pour canaliser ce débordement de l'expression, certains procédés sont utilisés dans la mise en scène classique des années quarante et cinquante, c'est-à-dire la mise en scène qui recherche "l'efficacité", et qui est représentée notamment par les réalisateurs que les critiques de *La revue du Cinéma* ont groupés sous le nom de "carré d'as" (Walsh, Lang, Preminger et Losey). Ainsi le choix des angles et des cadrages est opéré de telle sorte que l'attention du spectateur demeure centrée sur les relations entre les personnages et plus particulièrement sur les gestes et les paroles qui ont directement trait au développement de l'intrigue. Autrement dit, sont écartés les angles et les cadrages qui pourraient ralentir ce développement en faisant ressortir des aspects secondaires, susceptibles de diminuer la clarté du récit. Inversement, dans les années soixante et soixante dix, ces aspects secondaires ont fait l'objet d'une attention particulière chez de très nombreux réalisateurs sensibles au fait que le respect des règles du récit classique a pour effet de privilégier certaines composantes de l'action, présentées de la façon la plus linéaire. Mettant l'accent sur la simultanéité, ils font ressortir le caractère complexe et apparemment décousu de la vie quotidienne. Par exemple, dans le film de Michelangelo Antonioni *Blow up* (1967) une importance telle est accordée aux procès périphériques et secondaires que l'articulation des phases du procès principal n'apparaît pas d'une manière immédiate, le spectateur devant suivre très attentivement l'enchaînement des faits et gestes pour dégager l'essentiel de l'accessoire.

La stratégie relative à l'encombrement peut également combiner soulignements (options graduelles) et délimitations (options tranchées). Dans ce cas, le réalisateur joue sur les effets d'une loi qui résulte à la fois des contraintes d'encombrement et de limitation, la loi de privation libératrice. En vertu de cette loi, l'activité du spectateur peut être sollicitée d'autant plus facilement, et s'exercer d'autant plus librement, dans un domaine, que les autres domaines lui sont partiellement ou totalement fermés. Ainsi, dans le film de Jean Rouch *Moi un noir*

(1958), le commentaire du héros sur les activités du petit groupe d'immigrés dont il fait partie permet de réduire partiellement la portée du registre visuel, le spectateur privilégiant, dans les faits et gestes montrés, ceux que le commentaire fait ressortir le plus nettement. Autrement dit, le spectateur pénètre d'autant plus facilement dans l'intériorité du héros que le commentaire réduit l'importance d'une partie des manifestations extérieures de ce petit groupe.

**3. Disciplines intéressées
par l'étude de la mise en scène**

Que les lois scénographiques soient découvertes par la pratique ou inférées par le raisonnement, leur examen intéresse plusieurs disciplines. La détermination précise de leur portée revient à la psychologie expérimentale. Par exemple, dans le film *La Syntaxe du regard* (1978) (5), François Molnar met en évidence l'un des aspects de ce que nous appelons la loi de proportion inverse ("plus on en met, moins il en passe") en montrant que plus l'image est bigarrée, plus brefs sont les temps d'arrêt de l'œil sur les parties qui la composent. La psychologie expérimentale établit ainsi ce que la scénographie peut seulement repérer et signaler, à titre présomptif, en se bornant à classer provisoirement des effets dont l'obtention fait chaque jour l'objet d'une vérification plus ou moins détaillée dans la pratique du cinéma et de la télévision.

Les manifestations visuelles et sonores offertes au spectateur constituant nécessairement la matière d'expressions "naturelles" (indices) ou conventionnelles (signes, signaux, symboles, figures de rhétorique visuelle, etc.), la cinématographie appartient au domaine des disciplines d'ordre sémiotique, informatique ou herméneutique. Dans ce domaine, comme dans le domaine de la psychologie, la scénographie ne peut aller au-delà d'un inventaire des faits qui lui paraissent relever de ces

disciplines. Centrée sur l'analyse de la mise en scène, elle
est conduite à étudier la manière dont les manifestations
visuelles et sonores sont employées au double titre
d'éléments de monstration (apparences et traits
d'identification) et de supports d'expression. Mais dans
l'exercice de cette double fonction elle se limite à considérer,
outre les contraintes qui la déterminent, les options
caractérisées par les diverses formes de dosage de
l'importance relative de la monstration et de l'expression
(prédominance, codominance par compromis, codominance
par convergence, etc.). Ainsi étudie-t-elle, dans le cas où le
réalisateur veut donner à l'expression le pas sur la
monstration, les procédés qui permettent de faire ressortir
nettement les supports d'expression sans pour autant
centrer sur eux l'attention du spectateur (effacement du
souligné derrière ce qu'il exprime). Dans les études de ce
type, la scénographie s'attache à décrire ce qui distingue les
formes de présentation essentiellement destinées à
l'expression de celles qui ont pour but principal la mise en
évidence du présenté comme tel, c'est-à-dire la monstration.
Aussi laisse-t-elle aux sciences consacrées à l'étude des
signes le soin de trouver les méthodes permettant de
résoudre les problèmes qui ne sont pas de son ressort direct.
Tout au plus peut-elle contribuer à l'inventaire des traits
descriptifs parmi lequel la sémiotique du cinéma est
susceptible de discerner des traits pertinents, comme l'a fait
la phonologie à partir des traits établis par la phonétique
physique et physiologique.

Déterminé par des contraintes naturelles, l'emploi de
l'outillage cinématographique est également soumis à des
contraintes techniques et subordonné à des options
conformes ou non à diverses normes dont l'étude relève, tout
comme celle des contraintes techniques, des sciences
sociales, des sciences de la culture, et plus particulièrement
de l'anthropologie des artifices. Comprenant les règles de la
censure implicite ou explicite, ces normes sont relatives à
ce qu'il convient de présenter ou d'occulter, de souligner ou
d'estomper (monstration), d'exprimer ou d'omettre, de

mentionner expressément ou de suggérer (expression). L'intérêt qu'elles présentent pour la scénographie tient en partie au fait qu'elles régissent aussi bien les activités du réalisateur que certaines activités filmées, considérées en elles-mêmes, dans les conditions les plus courantes de leur exercice, en dehors de la présentation filmique dont elles peuvent faire l'objet. Il s'agit de normes protocolaires que l'on respecte dans les activités rituelles comme dans les faits et gestes de la vie quotidienne. Ainsi Marcel Griaule oppose-t-il "les coulisses aux mille indiscrétions" et la partie visible du rite, tandis qu'Erving Goffman distingue la scène et les coulisses dans ce qu'il appelle "la mise en scène de la vie quotidienne". Reprenant ces distinctions, Claudine de France oppose le destinataire, auquel il convient de montrer le rite mais de cacher les coulisses, et le contre-destinataire, auquel il convient de cacher le rite et de montrer un pseudo-rite (6). Dans ces normes protocolaires, la scénographie considère essentiellement le fait qu'elles constituent des obligations qui restreignent, au-delà des contraintes, la marge de liberté laissée au réalisateur, avec cette différence qu'il peut y manquer, quitte à subir les conséquences de la transgression. Il est vrai que la cinématographie bénéficie, comme tous les moyens de monstration et d'expression reconnus, de licences grâce auxquelles on peut manquer, dans certaines limites, aux normes protocolaires qui régissent les activités filmées indépendamment de la mise en scène filmique. Occupant une position fictive dans l'espace et le temps où se développent ces activités, le spectateur peut ainsi, par moments, usurper la place de l'un des agents. Le réalisateur peut également faire du spectateur l'équivalent d'un voyeur caché, utilisant des jumelles, regardant par les trous de serrure, etc., ou encore un observateur désincarné qui assiste à des activités qui ne pourraient, dans la réalité, avoir lieu en sa présence (activités privées, secrètes, etc.). Ces licences sont d'ordre ludique, tout comme celles qui rendent possible la transgression fictive des lois naturelles, le spectateur pouvant, par exemple, occuper la place d'un observateur situé dans l'âtre d'une cheminée allumée. Des obligations viennent cependant restreindre la marge de liberté laissée au réalisateur. Elles portent sur la manière dont il convient de procéder à la transgression ludique, soit des lois sociales, soit des lois naturelles. Parmi elles figurent les canons correspondant aux différents genres (documentaires, fictions narratives, productions non figuratives, etc.). Par exemple, les canons réglant les formes classiques de la cinématographie de fiction réaliste comportent l'interdiction pour les acteurs de regarder l'objectif de la caméra. Il s'agit, en effet, de l'une des précautions qui permettent d'éviter que l'attention du spectateur ne soit trop fortement attirée sur l'artificialité de la présentation filmique.

L'analyse des normes de la mise en scène est l'une des activités de recherche par lesquelles la stratégie et la scénographie de la simulation filmique débouchent sur la considération des constituants sociaux de la cinématographie. Nous aurons l'occasion d'y revenir à propos des normes rituelles, tout comme de l'opposition entre l'engagement ludique et l'engagement réel dans l'activité du spectateur.

Il convient, pour le moment, d'exposer certaines des raisons qui permettent la simulation de la relation individuelle entre la personne et son milieu par l'établissement d'une relation sociale entre le réalisateur et le spectateur, fondée sur une relation artificielle entre le spectateur et le milieu filmé. Il s'agit de considérer, du point de vue des diverses disciplines concernées, la socialité de la simulation cinématographique, ainsi que la relation entre les contraintes naturelles et le jeu des artifices dans la stratégie de la mise en scène. Il s'agit, plus précisément, de comprendre comment la reproduction de certaines manifestations sensibles de la réalité, c'est-à-dire la simulation partielle de l'appréhension directe, rend possible l'établissement d'une relation fictive qui se prête aux multiples charmes de l'imaginaire.

Apparaît d'abord le fait que la simulation de l'appréhension directe se distingue de son modèle en ce que la reproduction des manifestations sensibles permet de différer leur appréhension. Ainsi peut être substituée, au sujet de l'appréhension directe, un spectateur qui est à la fois libéré d'une partie des opérations qui sous-tendent l'appréhension directe et distinct du réalisateur à qui revient la charge de ces opérations. Il s'agit des opérations d'approche, de recul, de contournement, etc., dont se compose l'effection sensori-motrice, et par lesquelles le sujet de l'appréhension directe offre à sa propre activité sensorielle certains des objets situés dans son milieu. De ce fait, la reproduction cinématographique ne peut être considérée comme une simple simulation fondée sur la présentation d'apparences analogues à celles que l'on peut appréhender, dans l'expérience sensible immédiate, grâce à la relation établie, par l'effection sensori-motrice, avec le milieu proche. La raison en est que la prise en charge d'une partie de l'effection par une personne distincte du spectateur ne permet pas seulement de simuler la relation individuelle qui s'établit dans l'appréhension directe entre une personne et son milieu. Elle permet aussi de faire de cette simulation d'une relation individuelle le fondement d'une relation sociale établie entre le réalisateur et le spectateur, sous le couvert d'une relation artificielle entre le spectateur et le milieu filmé. Autrement dit, l'activité solitaire du sujet de l'appréhension directe, qui assure la totalité de l'effection, est remplacée par une coopération, où le réalisateur, spécialisé dans l'effection, fait office de montreur, tandis que le spectateur, libéré d'une partie de l'effection, se consacre, pour l'essentiel, à la contemplation de ce qu'on lui montre, son activité effectrice comprenant principalement les mouvements oculaires et la posture assise. Destinataire de la monstration, le spectateur se distingue du réalisateur, qui en est le destinateur. Parallèlement, on peut considérer – du moins dans une certaine mesure, et si l'on élargit le sens des notions – que le sujet de l'expérience sensible immédiate est à la fois

destinateur, par l'effection sensori-motrice, et destinataire,
par l'appréhension que cette effection rend possible.

Ainsi la simulation cinématographique appartient
d'une manière aussi directe aux domaines des sciences qui
étudient la société et la technique qu'aux domaines de
l'esthétique et des sciences de l'information. D'une manière
plus précise, on peut dire qu'elle relève de l'anthropologie
des artifices, l'une des disciplines capables d'établir qu'elle
constitue, tout à la fois, un art et un langage. Séparant, de
l'activité perceptive, la partie de l'effection qui revient au
réalisateur, la simulation cinématographique se distingue
en effet de son modèle. Elle substitue, dans une certaine
proportion, la monstration opérée par un montreur distinct
du destinataire à l'automonstration caractéristique de
l'appréhension directe, fondée sur une effection non séparée.
Cette division sociale de l'effection permet l'établissement,
entre le réalisateur et le spectateur, d'une relation de
communication à sens unique, fondée sur la relation de
monstration, et qui vient remplacer en partie la relation
individuelle d'autocommunication par laquelle est opérée,
dans l'appréhension directe, le rattachement de l'apparent à
l'inapparent passé, futur ou présent mais caché.
Parallèlement cette division sociale de l'effection permet de
substituer, à la contemplation esthétique autonome,
caractéristique de l'appréhension directe, une
contemplation partiellement dirigée par le réalisateur, et de
faire du cinéma un art proche de la peinture.

Cet art comporte notamment la mise en oeuvre de
procédés qui ont pour fonction d'estomper la substitution de
la relation sociale de monstration et de communication à la
relation individuelle d'automonstration et d'autocommunication. Détournant l'attention des marques de
l'artifice, ils permettent l'illusion partielle fondant
l'impression de réalité que suscite le spectacle
cinématographique. Ils tiennent leur efficacité de ce que la
rupture avec l'appréhension directe va de pair avec une
certaine continuité. La raison en est que la cinématographie
sollicite à sa manière les mécanismes perceptifs qui

permettent, dans l'appréhension directe, l'exercice des fonctions d'automonstration et d'autocommunication. Greffée, comme tous les artifices, sur des mécanismes naturels, elle en accroît la portée initiale en leur servant, en quelque sorte, de prolongement, en même temps qu'elle s'en distingue radicalement par la spécificité de ses fondements techniques, produit de la culture. Il s'agit notamment, en l'occurrence, d'une plus grande maîtrise de l'espace et du temps dans l'ordre de l'appréhension sensorielle, comme dans l'ordre de l'expression. En effet, l'étude de cette greffe relève d'une anthropologie des artifices, fondée sur l'articulation d'une technologie centrée sur la manière dont la séparation des fonctions va de pair avec leur socialisation, et d'une sociologie attentive aux modalités nouvelles que l'évolution des techniques de reproduction donne aux relations entre les hommes, comme aux relations entre les hommes et la nature.

Relève également de cette anthropologie des artifices l'analyse de l'intégration, dans la stratégie de la mise en scène, de contraintes naturelles dont certaines sont communes à toutes les formes d'appréhension du sensible chez l'homme et chez l'animal. C'est le cas des contraintes de limitation parmi lesquelles figure la loi d'exclusion totale ou partielle, en vertu de laquelle on ne peut appréhender une chose sans que l'appréhension d'autres choses s'en trouve empêchée (exclusion totale) ou gênée (exclusion partielle). La portée de ses contraintes, naturelles et constantes, prend des formes diverses qui sont fonction du niveau atteint par le développement technique (contraintes variables d'ordre instrumental). Autrement dit, l'application inévitable à la mise en scène filmique des lois scénographiques générales, telles que la loi d'exclusion totale ou partielle, revêt des modalités spécifiques, où se manifestent notamment les particularités de l'artifice technique.

En même temps que les contraintes naturelles, sont intégrées, dans la stratégie de la mise en scène, de multiples obligations d'ordre culturel, parmi lesquelles figurent notamment les canons de l'art cinématographique, dont font partie les normes relatives à l'estompage des marques de l'artifice. Dans le cadre de l'anthropologie des artifices, la stratégie de la mise en scène peut ainsi faire l'objet d'une stratégie et d'une scénographie théoriques. Des traditions considérant le cinéma comme un moyen de reproduction, ces disciplines retiennent ce qui peut aider à l'analyse de la monstration. De même gardent-elles, des conceptions selon lesquelles le cinéma est un art et un langage, ce qui peut éclairer l'analyse de l'expression. C'est dire qu'elles sont principalement centrées sur la manière dont l'exercice conjoint de la monstration et de l'expression permet la simulation cinématographique. Elles considèrent, dans ce procès, le rapport entre le produit et l'ensemble des procédés de mise en scène utilisés pour l'obtenir, la scénographie privilégiant les effets et la stratégie les moyens. Autrement dit, dans l'activité du réalisateur, est envisagé par la scénographie tout ce qui a pour conséquence de solliciter l'attention du spectateur, tandis que la stratégie s'attache, plus spécialement, aux modes de sollicitation que l'expérience et la réflexion ont déjà permis de transformer en moyens disponibles (7).

Mais c'est à d'autres disciplines qu'il revient, par exemple, de vérifier si, et dans quelle mesure, la simulation de la relation individuelle entre la personne et son milieu tire sa valeur expressive du fait que cette relation écologique n'est pas d'ordre purement naturel, mais revêt un caractère social et culturel en raison d'artifices appartenant aux mêmes ordres que la relation sociale qui s'établit entre le réalisateur et le spectateur. Tout au plus peut-on considérer que la scénographie et la stratégie du cinéma sont susceptibles de contribuer à cette recherche, en signalant, d'une manière présomptive, ce qui leur paraît accréditer une telle hypothèse. Cette restriction tient au fait que ces disciplines, rattachées aux sciences sociales et aux sciences de la culture par l'intermédiaire de l'anthropologie des artifices, ont pour objet d'analyser le fonctionnement de la simulation filmique et non d'étudier l'ensemble de ses fondements. Il s'agit en effet de mettre en évidence les mécanismes d'une telle simulation, tels qu'ils résultent de l'exercice conjoint des fonctions de monstration et d'expression.

Dans une telle recherche, la considération des constituants sociaux de la cinématographie tient sa nécessité de plusieurs raisons. Elle n'est pas seulement due au fait que les lois scénographiques générales, fondées sur des contraintes naturelles, s'appliquent sous des modalités particulières d'ordre instrumental et se trouvent, par là même, intégrées dans la stratégie de la mise en scène et dans le jeu des artifices. La prise en compte de ces constituants est également requise pour l'étude des multiples formes que prend l'insertion du spectateur dans le milieu filmé, où le réalisateur lui fait occuper une position fictive. Il en va de même pour l'analyse des modalités que revêt la participation active du spectateur à la mise en scène, en respectant notamment les normes rituelles conformistes ou anticonformistes du spectacle cinématographique. La raison en est que les formes d'insertion et les modalités de participation procèdent d'une relation de coopération qui s'établit entre le réalisateur et le spectateur. L'artifice permet, en effet, la disjonction, dans l'activité perceptive, de la réception sensorielle et d'une partie de l'effection sensori-motrice, le réalisateur prenant à sa charge presque tous les gestes d'approche, de recul, de contournement, etc. Il est vrai que l'activité du réalisateur est celle d'un montreur absent, et qu'elle n'apparaît qu'à travers les produits que constituent les manifestations visuelles et sonores fixées par l'enregistrement. Mais elle fait l'objet d'une reconstitution fictive, la sollicitation artificielle des mécanismes perceptifs assurant le passage de la discontinuité des traces projetées à la continuité des manifestations appréhendées. Séparées dans le temps, les opérations du réalisateur et celles du spectateur n'en sont pas moins liées par l'artifice qui permet à l'activité du réalisateur de ne pas s'effacer derrière ses produits. Qui plus est, cette activité ne s'exerce vraiment qu'une fois effectuées les opérations qui la composent. De ce fait, bien que le réalisateur soit absent de la salle de projection et que le spectateur n'occupe pas réellement le milieu filmé, une coopération effective s'établit entre les deux.

Comme cette coopération est un procès social fondé sur de nombreux artifices, sa description ne peut relever seulement de la psychologie. Inversement, comme il s'agit aussi d'une relation entre des comportements, son étude ne peut ressortir uniquement à la juridiction des sciences de la communication. Ainsi, la scénographie et la stratégie de la simulation cinématographique sont-elles conduites à inscrire, pour une part notable, l'étude de la coopération entre le réalisateur et le spectateur dans le cadre d'une anthropologie des artifices. Cette discipline leur permet, en effet, d'unir une technologie des activités de monstration et d'expression rendues possibles par la division de l'effection sensori-motrice à une sociologie des formes de coopération et des normes qui régissent de telles activités, les amenant ainsi à découvrir certains des ressorts les plus complexes de la mise en scène (8).

II. MODALITÉS DE LA SIMULATION DE L'UNIVERS FILMIQUE

1. Formes de la maîtrise artificielle de l'espace et du temps

En raison de l'inséparabilité de la monstration et de l'expression, la stratégie du réalisateur se caractérise nécessairement par l'adoption de certaines formes d'équilibre qui peuvent s'établir entre les deux fonctions (prédominance, codominance par compromis, codominance par convergence, etc.). De ce fait, quelles que soient la nature du film et les intentions qui président à sa réalisation (documentaire, fiction narrative, production non figurative, etc.) la mise en scène peut être considérée comme une activité artistique, en ce sens au moins qu'elle comporte, comme l'exercice de tout art, une série de dosages délicats.

Cet art est fondé sur la maîtrise, partiellement illusoire, que donnent, sur l'espace et le temps, la reproduction ou la figuration de manifestations visuelles et sonores. Grâce à l'unité de la monstration et de l'expression, son exercice comporte la simulation d'une sorte de voyage que le réalisateur fait accomplir au spectateur dans un univers sensible. Matériellement reconstituées par reproduction ou figuration (dessin animé), certaines parties de cet univers font l'objet d'une monstration fictive mais concrète, qui sollicite l'appréhension sensorielle du spectateur (simulation directe). Portées à l'attention du spectateur au moyen de divers procédés d'expression, les autres sont reconstituées par l'imagination (simulation indirecte). Les manifestations visuelles et sonores présentées peuvent consister en la reproduction directe (film documentaire) ou fictive (reconstitution historique) d'événements réels. Il peut s'agir également de fiction pure de type réaliste ou plus ou moins éloignée du réel (fantastique, merveilleux, science fiction). Il peut s'agir encore de manifestations visuelles et sonores ne renvoyant pas d'une manière expresse à l'univers réel (cinéma non figuratif). Il peut s'agir enfin d'œuvres caractérisées par des formes de présentation plus ou moins différentes de la narration et de la description documentaires ou réalistes, et comprenant ou non des parties non figuratives (cinéma expérimental, antinarratif, dysnarratif, etc.).

Cependant, quel que soit le genre du film, le voyage accompli par le spectateur dans l'univers simulé peut comporter, dans le temps comme dans l'espace, des arrêts, des trajets et des sauts. De même, l'univers simulé est le théâtre d'un ensemble de procès dont les agents peuvent se manifester par des changements, qu'il s'agisse de simples mouvements ou de modifications qualitatives. Cette possibilité autorise à considérer la mise en scène filmique comme un art du mouvement et justifie l'emploi des mots "cinématographe" et "cinématographie".

En l'absence de mouvements et de changements, le développement des procès peut se réduire, comme dans l'appréhension directe, à la simple persistance. Il consiste alors en un déroulement limité à l'écoulement du temps, et accompagné, dans l'espace, par le déploiement statique des parties et des aspects des agents. En ce cas, la mise en scène apparaît principalement, pour ce qui est des procès présentés, comme un art du simple devenir. Les procès présentés traversant une phase statique, aucun changement ne se manifeste sur l'écran, hormis l'écoulement du temps des procès présentés et du temps du procès de présentation, si le réalisateur ne modifie pas la position du spectateur (arrêt en zone inanimée). Hormis ce double écoulement, le seul changement possible est, en effet, celui qui affecte le procès de présentation, quand le réalisateur déplace la position du spectateur, et qui se manifeste par le défilement sur l'écran des parties et/ou des aspects des agents immobiles (trajet en zone inanimée). De l'arrêt en zone inanimée on peut donner comme exemple, dans le film de Satyajit Ray *Le Salon de musique* (*Jalsaghar*, 1959), un long plan fixe montrant le protagoniste, aristocrate ruiné, en train de méditer, immobile dans un fauteuil, sur la terrasse de son palais. Inversement, appartiennent à la catégorie du trajet en zone inanimée une série de lents mouvements d'appareil caractérisant l'une des séquences du film de Yannick Bellon *Quelque part quelqu'un* (1974). Effectués dans des couloirs d'immeubles promis à la démolition, ils laissent voir, au-delà des portes des appartements, le modeste mobilier des derniers occupants, dont certains sont présents, figés dans une immobilité totale et donnant l'impression qu'ils attendent qu'on vienne les déloger.

Il arrive également que le développement des procès présentés fasse l'objet d'une réduction dont l'appréhension directe n'offre pas d'équivalent. Privée de la reproduction de sa propre durée, l'action peut être, en effet, durablement figée dans une phase ponctuelle de son développement. Cette forme particulière de la maîtrise filmique de l'espace et du temps peut revêtir plusieurs modes. Elle peut résulter de la projection répétée d'un seul et même instantané photographique ou d'un seul et même photogramme filmique (arrêt en zone figée). Ainsi, dans le film de Timothy Asch et Napoléon Chagnon *The Feast* (1969), consacré à la réception des alliés dans une tribu yanomami, les temps forts du protocole sont présentés dans la première séquence, par une série de longs enregistrements de divers photogrammes. Elle peut également résulter d'un trajet que le réalisateur fait suivre au spectateur dans le déploiement des agents, en modifiant le cadrage de l'instantané photographique ou du photogramme filmique (trajet en zone figée). Par exemple, dans le film de Roger Leenhardt *Daguerre ou la naissance de la photographie* (1964), un trajet avant sur la photographie d'une rue se termine par la présentation du groupe que forment un cireur de chaussures et son client. Dans les conditions courantes de la projection, cette immobilisation des procès présentés (arrêt ou trajet en zone figée) n'entraîne pas l'immobilisation du procès de présentation, dont le développement se manifeste, s'il s'agit de l'arrêt en zone figée, par le seul écoulement du temps ; s'il s'agit du trajet en zone figée, par cet écoulement et par le défilement sur l'écran des parties et/ou des aspects des agents. Pour ce qui est des procès présentés considérés en eux-mêmes, la mise en scène cesse dans les deux cas d'être un art du devenir, bien qu'elle le demeure pour ce qui est du procès de présentation. En revanche, elle apparaît comme un art du temps si l'on considère l'ensemble des deux procès. En effet, le spectateur demeure enchaîné au développement de la présentation, statique ou mobile, dont il est le destinataire. Il n'est pas libre d'en arrêter ou d'en modifier le cours, à la façon du destinataire d'un écrit, qui reste maître du temps, de l'ordre et du rythme de lecture.

Une autre différence que présente l'appréhension filmique comparée à l'appréhension directe est que l'itinéraire suivi par le spectateur, dans le déroulement des phases de l'action et dans le déploiement des parties et aspects des agents, peut comporter la juxtaposition d'éléments que l'appréhension directe ne permet pas de rapprocher, si ce n'est par l'imagination, en raison de leur disposition dans l'espace et/ou dans le temps. L'itinéraire prend alors un caractère saltatoire, cette juxtaposition résultant de passages brusques d'une phase à l'autre (sauts dans le temps) ; d'un aspect ou d'une partie à l'autre (sauts dans l'espace). Les émissions télévisuelles consacrées au lancement des fusées comprennent des séquences formées de plans séparés par des sauts dans l'espace mais non dans le temps, et montrant successivement la salle de contrôle, les tribunes des journalistes, la tour de lancement, etc. La continuité temporelle de la présentation est marquée par la succession des chiffres du compte à rebours qui figurent sur l'écran. Inversement, le film de Georges Farrel *Sapho, ou la fureur d'aimer* (1970) fournit un exemple de saut dans le temps non accompagné par un saut dans l'espace. Le réalisateur y montre, en effet, une table où l'on vient de mettre le couvert, puis, tout de suite après, sous le même angle et à la même distance, la même table portant les restes du repas. Ainsi deux moments juxtaposés, faisant respectivement partie de la phase initiale et de la phase terminale d'un procès, permettent de simuler le temps hors-plan, c'est-à-dire, en l'occurrence, le temps requis par la phase intermédiaire non montrée.

L'arrêt dans le temps et les sauts dans le temps et/ou dans l'espace font partie des traits qui distinguent l'appréhension filmique de l'appréhension directe en ce qui regarde la maîtrise de l'espace et du temps (9). Cette maîtrise se manifeste notamment par le fait que le réalisateur libère le spectateur de la nécessité de se mouvoir lui-même dans l'univers où se développent les procès appréhendés, tout comme de la nécessité d'en affronter les agents. Il lui permet d'échapper aux contraintes de l'engagement, en même temps qu'aux principales contraintes qui limitent l'appréhension directe aux possibilités de la motricité corporelle et des divers dispositifs utilisés pour l'observation (miradors, avions de reconnaissance, etc.). Autrement dit, le réalisateur décharge le spectateur d'une grande partie des gestes qui fondent, sur le plan moteur, l'appréhension directe (approche, recul, contournement, etc.), l'appréhension filmique se caractérisant par une sorte de dédoublement de l'effection sensori-motrice, ou, si l'on veut, par une division sociale de l'effection.

Cette libération ne va pas cependant jusqu'au point où le réalisateur pourrait montrer d'un seul coup l'ensemble des manifestations successives et simultanées du développement des procès filmés. L'appréhension filmique est en effet soumise à la loi d'exclusion partielle ou totale (contrainte de limitation), en vertu de laquelle le réalisateur ne peut, comme on l'a déjà remarqué, montrer une chose sans en estomper et sans en masquer d'autres. Une telle possibilité supposerait qu'il soit en mesure de faire coïncider complètement, dans le temps et dans l'espace, la distribution des positions fictives du spectateur avec la distribution des phases des procès filmés (déroulement) ainsi que des parties et des aspects par lesquels se manifestent les agents (déploiement). Or le développement des procès filmés est nécessairement fragmenté, dans son déploiement, par les angles (aspects) et les cadrages (parties). D'autre part, en ce qui est relatif à son déroulement, il se trouve pour le moins réduit, en l'absence d'ellipses temporelles, à ce qui apparaît des phases successives à travers les aspects et les parties que le spectateur appréhende actuellement. C'est donc à partir des manifestations limitées (déploiement fragmenté, déroulement toujours réduit, et bien souvent fragmenté) que le spectateur doit appréhender le flux des procès filmés.

Ainsi peut-on distinguer, dans le développement du procès filmé : pour ce qui est de l'espace : déploiement montré et déploiement caché ; pour ce qui est du temps : déroulement montré et déroulement caché, ou du moins réduit. Constitué par les phases reproduites, le déroulement montré se caractérise par un agencement phasique fragmentaire, que l'on peut appeler monophasique, oligophasique ou polyphasique, selon que les fragments comportent les manifestations d'une, de plusieurs ou de l'ensemble des phases. Parallèlement, le déploiement montré est constitué par les parties et les aspects reproduits. Il peut se caractériser par un agencement figural fragmentaire que nous appellerons soit unifigural soit plurifigural, selon que les fragments comportent les manifestations d'un ou de plusieurs des aspects et parties.

A l'agencement des fragments retenus correspond, dans le procès de monstration, l'agencement des opérations du réalisateur. Plus précisément, au double agencement temporel et spatial des phases de l'action et des aspects et parties des agents correspond le double agencement des plans dans le temps et des angles et cadrages dans l'espace.

Considéré du point de vue de la simultanéité, l'agencement de l'angle et du cadrage constitue le montage synchronique. Il se caractérise par la manière dont les parties et aspects des agents sont disposés dans le champ. Certains éléments de cet agencement figural sont montrés tandis que les autres sont cachés, soit parce qu'ils sont situés hors-champ, soit parce qu'ils occupent le champ géométrique sans occuper pour autant le champ sensible, comme c'est le cas du profil gauche d'une personne dont on montre le profil droit.

Parallèlement, l'agencement des phases de l'action montrée, ou pour le moins, de l'activité de monstration, constitue le montage diachronique. Il se caractérise par la manière dont ces phases sont disposées dans le plan. Certains éléments de cet agencement phasique sont montrés, tandis que les autres sont cachés. Cette occultation peut être en partie due au fait que de telles phases font partie du temps hors-plan. Cela se produit notamment dans le cas du montage diachronique discontinu caractérisé par des séquences composées de plans correspondant à des périodes non immédiatement consécutives. Il n'en va pas nécessairement de même dans le cas du montage diachronique continu par lequel se caractérise le plan-séquence. En effet, l'occultation dont souffrent les phases est alors limitée à l'occultation partielle inévitable. Elle tient au fait que leur déroulement se trouve réduit, comme on a vu plus haut, à ce qui apparaît d'elles à travers les parties et les aspects montrés au spectateur.

Cependant, l'agencement des fragments retenus ne caractérise pas seulement le montré comme tel. Il caractérise également l'emploi du montré comme support d'expression. Aussi verrons-nous sur quels rapports de correspondance sont fondées certaines formes du montage cinématographique. Mais il convient auparavant de considérer quelques aspects de la coalescence perceptive que la mise en scène permet d'établir entre le montré et l'exprimé sensible non montré.

2. Passages entre la scène du montré et celle de l'exprimé sensible non montré

Jouant sur l'inséparabilité de la monstration et de l'expression, le réalisateur opère à la fois sur la scène du montré et sur la scène de l'exprimé. La première fonde la seconde dont elle permet l'évocation, les éléments de monstration servant de supports d'expression. La seconde englobe la première qui paraît en constituer la partie actuellement présentée. A mesure que passe le temps de présentation, ce qui est présent s'évanouit dans le passé, passant par là-même de la scène du montré à la scène de l'exprimé, cependant que l'avenir qui s'annonce et qui se réalise passe de la scène de l'exprimé à celle du montré. De même, dans l'espace, ce qui est présent et apparent peut persister dans la scène de l'exprimé tandis que les déplacements de la position fictive du spectateur et/ou ceux des agents des procès filmés le feront disparaître de la scène du montré. Inversement, une partie de ce qui est présent mais caché peut passer, du fait de ces mêmes déplacements, de la scène de l'exprimé à celle du montré.

Ainsi le spectateur accomplit-il un voyage qui prend des formes très diverses, parmi lesquelles figure, comme on l'a vu plus haut, la forme négative, constituée par le double arrêt dans l'espace et dans le temps de l'univers filmé. Les procès qui forment cet univers lui apparaissent alors immobilisés dans une phase instantanée de leur déroulement et fixés sous l'un des aspects de leur déploiement, c'est-à-dire durablement figés dans l'un des stades de leur développement. Dans ce cas, sont fermés, pour ce qui est des procès présentés, les passages entre la scène du montré et celle de l'exprimé, qu'il s'agisse du passage de la première à la seconde (disparition, occultation) ou du passage inverse (apparition, dévoilement). Il n'en va pas de même pour le procès de présentation. En effet, si les agents des procès filmés sont fictivement soustraits au devenir, le spectateur demeure engagé dans le procès de présentation dont il est le destinataire. A mesure que s'allonge la durée de l'immobilisation des procès filmés, s'accroît le nombre des moments du procès de présentation passés de la scène du montré à celle de l'exprimé. Parallèlement, s'accroît le nombre des moments d'immobilisation des procès filmés, chaque moment actuel devenant ainsi l'expression de moments d'immobilisation d'autant plus nombreux qu'il est tardif dans la séquence d'immobilisation. De ce fait, plus l'immobilisation persiste, plus est longue la période durant laquelle le spectateur occupe une position fictive dans un univers où le temps paraît s'être arrêté.

Les étapes de ce voyage prennent une forme positive quand la position fictive du spectateur par rapport à l'espace et au temps simulés fait l'objet d'une modification, sinon dans l'espace (trajet spatial continu ou saltatoire), au moins dans le temps (arrêt spatial accompagné d'un trajet temporel saltatoire ou continu). Les procès filmés n'étant pas figés dans l'instantané, de multiples passages peuvent avoir lieu entre la scène du montré et la scène de l'exprimé. Ils s'effectuent d'autant plus facilement que le réalisateur est en mesure de conduire le spectateur à confondre les deux scènes par certaines combinaisons d'indices. On peut prendre comme exemple un film publicitaire, au début duquel apparaît, cerné à mi-hauteur, un homme bien habillé, assis derrière un bureau ministre et vantant les qualités d'un tapis. Peu après, la position du spectateur est progressivement déplacée vers l'arrière, ce qui lui permet de découvrir, non sans quelque surprise, que l'homme caresse de ses pieds nus le tapis dont il est en train de parler. Ainsi, au début du film, sont simulés d'une manière indirecte (expression), par les aspects reproduits, et par là même, directement simulés (monstration), des aspects non reproduits, parmi lesquels figure notamment le port de chaussures. Cette simulation indirecte apparaît après coup d'une manière d'autant plus nette qu'elle est contredite par la suite du film, où le port de chaussures n'est pas confirmé par la simulation directe.

De même arrive-t-il que la mobilité d'un objet qui demeure, dans son ensemble, immobile par rapport à l'écran, soit simulée par le défilement de l'une des parties de ce mobile. Cette éventualité apparaît clairement dans certaines plaisanteries scénographiques comportant deux moments, comme dans le cas de l'homme aux pieds nus. Dans un premier temps, le réalisateur reproduit, par exemple, les apparences d'une personne qui utilise un moyen de locomotion (cavalier, cycliste, rameur). Dans un second temps, l'élargissement du cadre révèle que la personne est installée sur un engin immobile (bicyclette dont les roues tournent sur un rouleau fixé au sol, dispositif d'entraînement à l'aviron, ou machine d'équitation comme dans le film de Dziga Vertov *L'Homme à la caméra* (1929)). Ainsi la reproduction du mouvement de l'agent par rapport au moyen de locomotion (léger sautillement du cavalier sur la selle, pédalage du cycliste, tractions du rameur) simule, en même temps que ce mouvement, le déplacement non montré de l'agent, du véhicule et du spectateur dans le milieu filmé.

La coalescence des deux scènes du montré et de l'exprimé, telle qu'elle est mise en évidence par l'examen des plaisanteries scénographiques, est l'une des manifestations les plus claires de l'inséparabilité de la monstration et de l'expression. Ressortant nettement dans le cas où les agents des procès filmés franchissent les bords de l'écran dans un sens ou dans l'autre (passage champ/hors-champ), cette coalescence apparaît également quand on considère les passages entre la scène du montré et la scène de l'exprimé qui s'effectuent par le franchissement des limites que constituent les contours des êtres filmés. Par exemple, dans le film de Clint Eastwood *Frissons dans la nuit* (*Play Misty for me*, 1971), le héros aperçoit de dos l'une des deux héroïnes et change de direction pour la rejoindre. Peu avant qu'il ne parvienne à sa hauteur, elle se retourne à son appel. Il apparaît alors qu'il s'agit d'une amie de l'héroïne supposée, blonde comme elle, et qui porte une veste empruntée à celle-ci. La simulation indirecte de nature angulaire est ici infirmée par la reproduction d'une rotation de l'actrice. Pierre Etaix aboutit à une infirmation de même nature en modifiant, par le contournement, la position fictive du spectateur, dans une séquence du film *Le Soupirant* (1963). On y présente le héros, qui cherche à se marier, abordant par l'arrière une voiture décapotable. La raison de ce mouvement est que du siège placé à droite du volant émerge une magnifique chevelure blonde. Une situation d'attente est ainsi créée. Le visage de la femme présentée de dos va-t-il ou non plaire au héros. Mais le contournement de la voiture révèle autre chose. Il apparaît, en effet, que la chevelure fait partie du pelage d'un chien à très longues oreilles dont le museau surgit à la place du profil attendu.

3. Niveau macroscénograpique et niveau microscénographique

La coalescence perceptive entre le montré et l'exprimé sensible non montré est l'un des faits qui amènent le chercheur à distinguer dans l'analyse les perspectives macroscénographiques et microscénographiques, et, dans la mise en scène, les deux niveaux correspondants. La première concerne les ensembles, la seconde les éléments, ainsi que certains des rapports qui s'établissent de proche en proche entre les éléments. Il s'agit, respectivement, pour ce qui est du temps, de l'ensemble de l'action et des diverses phases dont elle se compose, qu'elles soient montrées ou qu'elles se trouvent suggérées à partir des phases montrées. Pour ce qui est de l'espace, il s'agit respectivement de l'ensemble des agents et des êtres vivants ou inanimés composant cet ensemble, que leur existence soit montrée ou qu'elle se trouve suggérée à partir des êtres montrés.

Parmi les rapports qui s'établissent de proche en proche entre les éléments, font partie du niveau microscénographique les rapports de correspondance nécessaire. Les premiers sont notamment constitués par certains rapports de continuité absolue, de complémentarité temporelle, de consécution immédiate et de succession fonctionnelle. Leur font pendant certains rapports de composition obligée, de complémentarité spatiale, de coprésence immédiate et de simultanéité fonctionnnelle.

En raison de la nécessité caractérisant chacun de ces rapports, la manifestation de l'un des termes entraîne inévitablement la suggestion de l'autre. Le premier exemple qui ait attiré notre attention figure dans un film qui nous a vivement impressionné durant notre enfance et dont nous n'avons pas encore réussi à retrouver le titre. Il s'agit d'une séquence pendant laquelle la caméra pénètre la nuit dans une maison déserte mais dont l'éclairage est allumé. Le temps fort de cette séquence est constitué par un mouvement de la caméra en direction d'une tasse de thé où l'on voit qu'un morceau de sucre finit de fondre. Deux formes de correspondance caractérisent cet exemple. L'une concerne les rapports nécessaires rattachant, dans la phase du sucrage, le moment terminal, qui est montré, aux moments précédents, qui ne sont pas montrés, mais dont le déroulement ne peut faire l'objet d'aucune espèce de doute. Il en va de même pour l'autre forme de correspondance, qui est relative à l'agent. L'absence actuelle de celui-ci fait problème. Elle constitue le mystère sur lequel le spectateur s'interroge et le ressort dramatique de la séquence. En revanche, la présence antérieure de l'agent se manifeste d'une manière indirecte mais tout à fait évidente, puisqu'il a bien fallu que quelqu'un mette le morceau de sucre dans la tasse.

Il arrive également que cette forme de correspondance inéluctable entre les moments d'une seule et même phase concerne les moments qui suivent le moment montré. C'est le cas du film d'Alfred Hitchcock *La Mort aux trousses* (1959) et de très nombreux autres films dont les séquences terminales montrent le début de la chute des méchants dans le précipice au bord duquel vient de se dérouler une lutte acharnée (10). Il est vrai que les modalités dans lesquelles se déroulent les moments suivant le moment montré peuvent être de l'ordre des futurs contingents. Mais la relation de cette contingence avec la nécessité de l'accomplissement considéré en lui-même est susceptible de constituer l'un des ressorts dramatiques de l'effet de suspense, notamment dans les films comiques. C'est par exemple le cas de l'une des séquences du film de Malcolm Sinclair *Maîtres de ballet* (1943). Elle montre le début de la chute, hors des rails du grand-huit d'une fête foraine, du chariot dans lequel sont montés Laurel et Hardy.

La relation entre nécessité et contingence caractérise également les formes microscénographiques de correspondance spatiale entre les parties ou aspects montrés et non montrés. Ainsi, dans l'exemple du cycliste cerné à mi-hauteur sur fond de ciel uni, et situé à distance constante des bords du cadre, ne figurent sur l'écran qu'une partie de l'agent et de son véhicule, ainsi que le bout de ciel sur lequel ils se détachent. Le reste, simulé d'une manière indirecte, fournit matière à une plaisanterie scénographique, en raison de son caractère hautement probable. Il s'agit en effet de la présence cachée d'une route. Le déplacement de la bicyclette, comme le déplacement parallèle de la caméra, est simulé notamment par le va-et-vient des jambes entre la partie apparente et la partie cachée. Dans l'ordre de la mise en scène, la plaisanterie consiste à élargir la partie visible. Est alors découverte, comme on l'a vu plus haut, à la place où était simulée la présence cachée d'une route, la présence sensible d'un rouleau sur lequel tournent les roues de la bicyclette. Sur le plan logique, la plaisanterie consiste à jouer sur l'opposition entre la présence nécessaire d'un support et la présence contingente d'un support de tel ou tel type. Il peut s'agir aussi bien d'une route, d'un rouleau ou de fils de nylon invisibles, comme ceux qu'utilisent les illusionnistes, et qui permettent de suspendre en l'air le cycliste et la bicyclette. On a donc ici affaire à un rapport de composition nécessaire comprenant le cycliste, la bicyclette et le support. Les termes de ce rapport sont eux-mêmes articulés dans un agencement plurifigural à jonctions nécessaires constituées par les contiguïtés cycliste/bicyclette et bicyclette/support. C'est dire que les articulations cycliste/bicyclette/route, cycliste/bicyclette/rouleau et cycliste/bicyclette/ fils de nylon constituent des modalités contingentes de ces deux agencements nécessaires. La contingence porte ici sur la position et la nature du support, telles qu'elles constituent respectivement des modalités de l'agencement d'ordre et de l'agencement de composition. Elle ne concerne pas son existence (agencement de composition) ni la nature des charnières (agencement des jonctions et des intervalles) c'est-à-dire, en l'occurrence, les jonctions spatiales ou contiguïtés nécessaires, cycliste/bicyclette et bicyclette /support (10 bis).

Ainsi l'examen des plaisanteries amène à découvrir à quelles formes de montage synchronique peut être rattachée la simulation indirecte. En montrant que les plaisanteries scénographiques ont pour fondement une utilisation particulière de la simulation indirecte, il permet de dégager certains caractères généraux d'une telle simulation. Par exemple, dans le cas du cycliste, l'examen conduit à constater que le réalisateur procède en un premier temps à la simulation indirecte de la route en simulant directement la présence apparente d'une partie du cycliste et de la bicyclette ; puis, en un second temps, infirme cette simulation indirecte par la simulation directe d'un rouleau qui constitue en l'occurrence un support extraordinaire mais non impossible.

Parmi les rapports qui sont établis entre les éléments (phases, parties, aspects), font partie du niveau macroscénographique ceux dont l'appréhension requiert la référence à l'ensemble que ces éléments constituent. Ils se distinguent des rapports établis de proche en proche entre les éléments par le statut scénographique des termes non montrés. En effet, les termes non montrés appartiennent, dans ce cas, au montrable suggéré de manière indirecte, et non pas au montrable suggéré de manière immédiate, comme dans le cas examiné précédemment. Plus précisément, la suggestion immédiate peut s'effectuer à partir de certains éléments pris séparément ou reliés de proche en proche. En revanche, c'est à partir de l'ensemble du montré et de l'exprimé correspondant que s'effectue la suggestion indirecte. Est très net à cet égard l'exemple déjà cité et tiré du film de Clint Eastwood, *Frissons dans la nuit*. Il s'agit, comme on a vu plus haut, d'une femme présentée de dos et qu'un ensemble d'indices conduit à identifier faussement comme l'une des deux héroïnes du film, avant qu'elle ne se retourne à l'appel du héros. En effet, l'erreur provient de ce qu'elle a même taille, même corpulence, même chevelure blonde, même apparence générale, et de ce qu'elle porte une veste prêtée par l'héroïne. Dans les cas de ce genre, la suggestion revêt nécessairement, qu'il y ait ou non méprise, un caractère indirect. Cela tient au fait que les éléments du montré servant d'indice doivent leur valeur expressive à la construction de l'ensemble du film. Plus particulièrement, cela tient à la correspondance macroscénographique entre les éléments qui sont actuellement montrés et ceux qui l'ont été précédemment, leur mise en rapport ne résultant pas nécessairement de leur consécution immédiate.

III. FORMES D'ÉQUILIBRE
ENTRE LA MONSTRATION ET L'EXPRESSION

1. Types de monstration

Si l'univers sensible où le spectateur accomplit un voyage est toujours appréhendé à travers les deux scènes du montré et de l'exprimé, l'importance relative de chacune d'entre elles varie en fonction des contraintes et des options qui déterminent la mise en scène. C'est ainsi que le réalisateur peut réduire au minimum l'importance du montré, en centrant principalement l'attention du spectateur sur ce qui n'apparaît pas actuellement, ou qui ne peut apparaître. Les éléments de monstration ont alors pour fonction prédominante de servir de support d'expression. Le réalisateur peut notamment les disposer en séries redondantes, de telle sorte qu'un minimum d'attention porté à la scène du montré suffise au spectateur pour suivre des procès dont le développement s'effectue, pour l'essentiel, sur la scène de l'exprimé, comme on l'a vu à propos du film de Peter Fleischmann, *La Faille*. Autrement dit, la scène du montré peut fonctionner comme une sorte de tremplin, renvoyant sans cesse le spectateur à la scène de l'exprimé, qui demeure ainsi la scène principale, tandis que les éléments de monstration s'effacent plus ou moins derrière ce qu'ils expriment.

Toutefois, dans cette stratégie du tremplin, le réalisateur n'est pas obligé de multiplier les séries d'éléments redondants entre lesquels l'attention se disperse, et qui renvoient également le spectateur à la scène de l'exprimé. A cette option graduelle que constitue la multiplication des éléments, qui est susceptible d'aboutir, au plan de la monstration, à un fort degré de fouillis malgré l'univocité de l'expression, le réalisateur peut, en effet, préférer une option tranchée. C'est une préférence de cet ordre qui le conduit, par exemple, à priver le spectateur des sons dont les sources figurent sur la scène de la monstration visuelle, comme en témoignent plusieurs séquences du film de Sacha Guitry *Le Roman d'un tricheur* (1936) et du film de Robert Hamer *Noblesse oblige* (*Kind hearts and coronets,* 1949). Dépouillée du registre sonore central, la scène du montré peut servir ainsi de toile de fond illustrant d'une manière plus ou moins précise les paroles d'un commentateur et/ou les accents d'un accompagnement musical qui occupent le registre sonore annexe.

Ces deux modalités de la monstration-tremplin se distinguent par la manière dont le réalisateur tire parti des effets d'une loi déjà mentionnée, et qui résulte à la fois des contraintes de limitation et d'encombrement. Il s'agit de la loi de privation libératrice, en vertu de laquelle l'activité du spectateur peut être sollicitée d'autant plus facilement, et s'exercer d'autant plus librement dans un domaine, que les autres domaines lui sont totalement ou partiellement fermés. En effet, quand la stratégie du tremplin est fondée sur la multiplication d'éléments redondants, l'activité du spectateur est d'autant plus portée vers la scène de l'exprimé que cette multiplication a pour conséquence, en raison du fouillis qu'elle engendre, une sorte de réduction partielle de la scène du montré. En revanche, dans l'autre cas, c'est grâce à la fermeture totale du registre sonore central que l'attention du spectateur peut être orientée vers la scène de l'exprimé, la scène du montré étant réduite à une simple toile de fond sur laquelle se détachent la musique et/ou le commentaire.

La mise en scène fondée sur le primat de l'expression n'est pas obligatoirement soumise à la stratégie du tremplin. La raison en est que le réalisateur peut donner plus d'importance à la scène du montré tout en maintenant le spectateur centré sur la scène de l'exprimé. Cela revient à mettre en œuvre une stratégie où la monstration sert plus ou moins de prétexte à l'expression, comme c'est le cas dans de très nombreux films d'action ou d'aventures. Faisant ressortir nettement certains éléments de monstration, le réalisateur attire l'attention du spectateur sur la scène du montré d'une manière plus continue et plus linéaire que celle qu'il adopte dans la stratégie du tremplin lorsqu'il présente des séries redondantes d'éléments entres lesquels l'attention se disperse. A cette différence s'ajoute le fait que les éléments de monstration utilisés comme supports d'expression s'effacent moins derrière ce qu'ils expriment. Ainsi la monstration-prétexte se distingue de la monstration-tremplin par des différences dans le degré de soulignement et dans le degré d'effacement du souligné derrière ce qu'il exprime, c'est-à-dire, dans les deux cas, par des différences de dosage.

La raison en est que les supports d'expression filmique non-verbaux ne s'effacent jamais tout à fait derrière ce qu'ils expriment, ou plus précisément, que l'effacement ne peut aller jusqu'au niveau qu'il atteint dans la lecture d'un texte. En effet, l'expression filmique et l'expression écrite diffèrent par la manière dont s'applique la loi de privation libératrice. Dans l'expression écrite, cette privation concerne la quasi-totalité du sensible. C'est l'absence de toute manifestation directe du sensible autre que celle des caractères composant le texte qui fonde le haut degré de liberté laissé à l'imagination du lecteur. Dans l'expression filmique, en revanche, quel que soit le degré de la fragmentation dont sont l'objet les phases des procès filmés (longueur des plans) ainsi que les aspects (angles) et les parties (cadrages) des agents, la réduction du sensible ne peut descendre au-delà de ce que permet la stratégie de la monstration-tremplin. Plus précisément, dans l'expression filmique, le sensible ne peut être réduit, sauf dans les registres typographiques annexes (titre du film, générique, cartons) ou centraux (affiches, lettres et courts billets présentés en gros plan) à des manifestations scripturales qui tendent à s'effacer très fortement derrière ce qu'elles expriment, en raison même du caractère purement expressif de leur fonction ainsi que des fondements qui en permettent l'exercice (extériorité de l'expression par rapport au contenu, caractère immotivé, arbitraire, de l'expression, articulation de l'expression en unités discrètes, etc.). En effet, les éléments de monstration utilisés comme support d'expression non verbaux sont partie constituante du contenu dont ils permettent l'appréhension. De ce fait, même dans le cas où les soulignements qui mettent en jeu leur valeur expressive ont pour conséquence leur effacement derrière l'ensemble de ce qu'ils expriment, leur appartenance à cet ensemble empêche un effacement aussi grand que celui du texte dans la lecture. Il s'agit là d'un mécanisme de compensation par auto-expression dont le réalisateur peut réduire mais non supprimer les effets, l'effacement des éléments de monstration derrière ce qu'ils expriment se trouvant limité par le fait que ces éléments bénéficient de leur appartenance à l'exprimé.

Ainsi la monstration-prétexte se caractérise par le fait que la scène du montré occupe une place importante dans la scène de l'exprimé, le mouvement imprimé à l'attention du spectateur hors de la scène du montré se prolongeant par un fréquent mouvement de retour vers cette scène. Par exemple, au cours de plusieurs séquences du film de Jerry Lewis *Docteur Jerry et Mister Love* (*The Nutty professor*, 1963), le spectateur est amené à suivre attentivement les moindres faits et gestes du héros, momentanément transformé par un traitement chimique modifiant ses manières et son anatomie, dès qu'apparaissent les premiers symptômes annonçant qu'il va reprendre son état ordinaire (légers tics, intonations suraigües, etc.). En revanche, dans la monstration-tremplin, un tel retour se limite au minimum nécessaire à l'identification des éléments de monstration, le mouvement centripète étant secondaire par rapport au mouvement centrifuge qui porte l'attention du spectateur hors de la scène du montré. Cette prédominance caractérise, dans le film de Carol Reed *Le Troisième homme* (1949), la première séquence illustrant, par des plans très brefs, le commentaire consacré à l'occupation de Vienne par les alliés après la seconde guerre mondiale.

En somme, dans la monstration-tremplin et dans la monstration-prétexte, sont réunies les conditions du mouvement alternatif centrifuge-centripète, parmi lesquelles figure notamment le temps nécessaire à l'identification des éléments de monstration. En deçà de ce temps, l'impossibilité de l'identification amène le spectateur à s'interroger sur le propos du film, le réalisateur adoptant la stratégie de la monstration qui se dérobe. Ce temps est accordé au spectateur dans la monstration-tremplin, mais limité au minimum nécessaire à l'identification, la scène du montré changeant rapidement d'éléments de monstration ou se trouvant encombrée par de très nombreux éléments entre lesquels l'attention se disperse (stratégie du fouillis). En revanche, dans les stratégies qui donnent plus d'importance à la monstration, les conditions du retour vers le montré font l'objet d'un renforcement systématique, le réalisateur utilisant tous les moyens qui permettent de canaliser sur le montré l'attention du spectateur. C'est le cas de la monstration suivie, où le temps accordé à l'identification des éléments de monstration se prolonge par le temps qui est imparti à une description plus précise et plus complète que celle dont ils font l'objet dans la monstration-prétexte. Ainsi dans *Le Joug* (1970), film documentaire de Jean-Dominique Lajoux, chacune des phases de la fabrication de cet instrument rustique est présentée de telle sorte que l'expression des valeurs traditionnelles de l'artisanat va de pair avec la monstration détaillée des gestes de l'artisan. Il en va de même dans le film québécois *La Coupe des légumes* (1973) de Pierre

Parizot et André Thomas, destiné à la formation des cuisiniers, la répétition, d'un légume à l'autre, de gestes identiques ou peu différents, permettant au spectateur de se familiariser avec les techniques traditionnelles de l'emploi du grand couteau de cuisine appelé "couteau du chef".

2. Fils conducteurs

L'application des stratégies qui déterminent l'importance relative de la monstration et de l'expression dépend étroitement des contraintes et des options concernant les fils conducteurs. Par exemple, le choix d'un commentaire continu comme fil conducteur principal peut fonder la stratégie de la monstration-tremplin, si l'objet de ce commentaire occupe davantage la scène de l'exprimé que la scène du montré. Dans ce cas, le registre verbal annexe devient le registre principal et l'expression la fonction prédominante. Au rôle d'une simple toile de fond se trouve alors réduit le registre central, constitué, comme on l'a vu plus haut, par les manifestations visuelles et sonores des êtres vivants et inanimés engagés dans les procès filmés. La discrétion de ce registre est assurée, comme on l'a remarqué précédemment, par la réduction partielle ou la fermeture totale de sa partie sonore. Si, tout au contraire, l'objet du commentaire occupe davantage la scène du montré que celle de l'exprimé, le registre verbal annexe demeure le registre principal, mais le rapport entre la monstration et l'expression tend vers la codominance. En effet, bien que, dans un tel cas, le montré comme tel ne constitue qu'un fil conducteur secondaire, le fait qu'il soit le principal objet du commentaire donne au registre central un rôle plus important que celui d'une simple toile de fond. C'est le cas dans la version courte du film documentaire d'Albert Radenac *La Croisière jaune* (1932), le commentaire portant sur les nombreuses péripéties d'un voyage en autochenille de Beyrouth à Pékin.

Plus proche encore de la codominance de la monstration et de l'expression est la stratégie de la monstration-prétexte. Le temps accordé à la présentation des éléments de monstration y dépassant le temps nécessaire à leur identification, cette présentation consiste en une succession de moments consacrés à certaines phases des procès filmés ainsi qu'à certains aspects et parties des agents. Il s'agit d'une série d'amorces descriptives dont chacune est interrompue par la suivante, le réalisateur évitant de pousser la description jsqu'au point où le spectateur pourrait prendre comme fil conducteur principal le détail de l'articulation des éléments de monstration dans le temps et dans l'espace. En revanche, les fils conducteurs correspondant à chacune des amorces se trouvent subordonnés à un fil conducteur principal, reliant, d'une amorce à l'autre, les éléments de monstration que le réalisateur fait ressortir nettement pour tirer parti de leur valeur expressive. Même en l'absence de tout dialogue (registre verbal central) ou commentaire (registre verbal annexe), l'expression devient la fonction prédominante, le registre central non verbal constituant, dans ce cas, le registre principal. Cependant le rapport entre la monstration et l'expression se rapproche d'autant plus de la codominance que la scène du montré se trouve peu encombrée et change lentement d'éléments de monstration. Par exemple, dans le film de Richard Brooks *La Chevauchée sauvage* (*Bit the bullet*, 1974), où alternent des fragments des temps forts d'une course de fond et des temps faibles correspondant aux moments de repos, la mise en scène tend à maintenir l'attention du spectateur centrée sur les faits et gestes, bien que le rythme, lent ou rapide, de la monstration subordonne leur succession à l'expression des valeurs épiques animant les protagonistes.

Ainsi, plus l'attention du spectateur est centrée sur le détail de l'articulation, dans l'espace et dans le temps, des phases des procès filmés et des parties et aspects des agents, plus le rapport entre la monstration et l'expression tend vers la codominance. En revanche, ce rapport ne peut se caractériser, dans la stratégie de la monstration suivie, par une prédominance de la monstration qui serait le pendant de la prédominance de l'expression dans les stratégies de la monstration-tremplin et de la monstration-prétexte. En effet, si le réalisateur peut prendre comme fil conducteur le détail de l'articulation des éléments de monstration dans l'espace et dans le temps, l'établissement de ce fil conducteur ne peut être obtenu avec les seules ressources de la monstration, car cela supposerait que le réalisateur soit en mesure de présenter d'un seul coup tout ce qu'il veut montrer. Autrement dit, les contraintes de limitation et d'encombrement ont pour conséquence d'obliger le réalisateur à fragmenter l'ensemble de ce qu'il veut montrer et, par là même, à tirer parti de la valeur expressive de ce qu'il montre actuellement, pour permettre au spectateur de le rattacher à ce qui précède comme à ce qui suit.

Si la prédominance de la monstration ne peut résulter de la stratégie de la monstration suivie, qui permet seulement la codominance de la monstration et de l'expression, c'est qu'elle requiert l'application d'une stratégie différente. Il s'agit de la stratégie de la monstration en vrac, fondée sur une série d'amorces descriptives dépassant ou non le temps nécessaire à l'identification, et qui se distingue de la monstration-tremplin, de la monstration-prétexte et de la monstration suivie par le brouillage des fils conducteurs. En effet, comme on l'a vu plus haut, ces trois formes de monstration se caractérisent par la subordination des fils conducteurs de chacune des amorces à un fil conducteur principal reliant, d'une amorce à l'autre, des éléments de monstration que l'on fait ressortir nettement pour mettre en jeu leur valeur expressive. Au contraire, dans la monstration en vrac, les amorces descriptives sont agencées de telle sorte que ne se dégage aucun fil conducteur principal. De ce fait, les amorces descriptives se trouvent reliées par divers fils conducteurs entre lesquels l'attention se disperse, cette mise en jeu incohérente de la valeur expressive ayant, parmi d'autres résultats, la prédominance de la monstration sur l'expression. Ainsi, dans le film de Werner Nekes *T-Wo-Men* (Que s'est-il donc passé entre les images ?, 1972), composé de cinq parties, annoncées chacune par un numéro, aucun fil conducteur ne permet de comprendre le passage d'une partie à l'autre, ou d'un moment à l'autre dans chaque partie, bien que l'ensemble forme, comme on verra plus loin, une sorte de récit.

La mise en œuvre des stratégies fondées sur la prédominance de la monstration ou de l'expression suppose l'atténuation des contraintes qui découlent de l'inséparabilité des deux fonctions. Plus précisément, dans la stratégie de la monstration-tremplin, comme dans la monstration-prétexte, la présence des éléments de monstration considérés en eux-mêmes constitue une contrainte d'encombrement dont il convient de réduire les effets. Il n'en va pas autrement dans la stratégie de la monstration en vrac, où prédomine la monstration, pour les éléments de monstration considérés comme supports d'expression. Ainsi, dans un cas, fait-on prédominer l'expression en réduisant la monstration à des amorces descriptives, cependant que dans l'autre cas, on fait prédominer la monstration en privant l'expression de fil conducteur principal. Autrement dit, l'inséparabilité des deux fonctions devient un facteur d'encombrement quand on veut faire prédominer l'une d'entre elles. Mais un tel encombrement se prête à des stratagèmes de neutralisation, par estompage ou limitation de la fonction dont on veut diminuer la portée.

Appliquée à la monstration, la neutralisation peut aller jusqu'à prendre la forme d'un simple remplissage. Il s'agit, par exemple, pour mettre en valeur un commentaire occupant le registre verbal annexe, de "meubler" le registre central d'une poussière de faits et gestes. Illustrant discrètement les paroles du commentateur, ces faits et gestes ne peuvent faire l'objet d'un examen détaillé ou simplement suivi. En effet, le réalisateur fragmente leur présentation en une suite d'amorces descriptives privées de tout fil conducteur principal pouvant concurrencer le fil du commentaire. C'est notamment le cas de nombreux films documentaires sur les activités industrielles trop complexes pour devenir l'objet d'une description intelligible, si bien que le réalisateur limite leur présentation à une série de fragments composant une toile de fond sur laquelle se détachent des entretiens ou des commentaires ayant pour thème les aspects non directement sensibles du fonctionnement des entreprises (développement économique, problèmes sociaux, etc.).

Pour ce qui est de l'encombrement, les stratégies fondées sur la codominance de la monstration et de l'expression se distinguent des stratégies fondées sur la prédominance de l'une des deux fonctions, en ce que ces deux fonctions peuvent devenir simultanément l'objet de stratagèmes de neutralisation. Ainsi le réalisateur peut-il être amené à utiliser les formes où l'exercice conjoint de la monstration et de l'expression est fortement entravé par une obstruction réciproque (codominance négative). Cela se produit dans certains films documentaires où la concurrence des fils conducteurs verbal et non verbal est si grande que l'audition et l'intelligence du commentaire sont difficilement compatibles avec la vision et la compréhension de l'image. Un équilibre aussi coûteux entre la monstration et l'expression peut faire l'objet d'un choix délibéré. Renforcer la concurrence des fils conducteurs est en effet l'un des moyens de désorienter le spectateur. Par exemple, dans le film de Laurent Cugny *Analytique : un meurtre* (1978), la lecture à voix basse d'une lettre concernant un homme traqué accompagne les déplacements de ses persécuteurs d'une façon qui ne permet pas au spectateur de suivre simultanément l'image et le texte. Toutefois, dans ses formes classiques, la stratégie de la codominance comprend généralement une atténuation de la concurrence. Il s'agit alors de réduire la concurrence des fils conducteurs au niveau comptabile avec l'appréhension simultanée des éléments qu'ils relient respectivement (codominance positive), que la concurrence l'emporte sur la complémentarité (codominance par compromis) ou inversement (codominance par convergence). En effet, la concurrence des fils conducteurs n'est jamais nulle, la complémentarité, si forte soit-elle, ne pouvant supprimer tout à fait les conséquences négatives de leur pluralité.

Lorsque la complémentarité est plus forte que la concurrence (codominance par convergence), l'appréhension simultanée est facilitée par le fait que le rapport de renforcment réciproque l'emporte sur le rapport d'obstruction réciproque. Cela tient à ce que l'encombrement correspondant à l'exercice de chaque fonction fait moins obstacle à l'exercice de l'autre qu'il ne lui sert de repoussoir. On peut donner comme exemple de cette forme d'équilibre entre la monstration et l'expression les cas dans lesquels un commentaire porte sur un objet qui occupe davantage la scène du montré que celle de l'exprimé. Si le commentaire est continu, les paroles dont il se compose constituent le fil conducteur principal. Cependant le rapport entre la monstration et l'expression tend vers la codominance, bien que l'on demeure dans le cadre de la monstration-prétexte, fondée sur la prédominance de l'expression. En revanche, si le commentaire est discontinu, un rapport de codominance par convergence peut s'établir, dans la succession, entre la monstration et l'expression, grâce à l'alternance des fils conducteurs verbal et non verbal dans le rôle de fil conducteur principal. Une telle formule fut utilisée par Carlo Rim dans une série d'émissions télévisuelles (1964), tirées des nouvelles de Maupassant.

Lorsque la concurrence l'emporte sur la complémentarité, sans aller toutefois jusqu'au fort brouillage qu'entraîne un haut degré d'obstruction réciproque (codominance négative), l'encombrement qu'engendre l'exercice de chaque fonction a pour conséquence de diminuer, mais n'on d'entraver, l'exercice de l'autre fonction (codominance par compromis). Cette diminution réciproque peut caractériser notamment la stratégie de la monstration-prétexte quand l'objet de l'expression occupe davantage la scène du montré que celle de l'exprimé non montré. Ainsi, dans la présentation alternée, par champ/contrechamp, de deux personnes dont les faits et gestes matériels ont la même importance que les paroles et les mimiques, la concurrence de la monstration et de l'expression peut l'emporter sur leur complémentarité sans pour autant susciter un fort brouillage. En effet, les éléments de monstration concernant directement les rapports entre les deux personnes peuvent être les moins nombreux. Un équilibre peut donc s'établir entre la monstration et l'expression, où le primat de leur concurrence sur leur complémentarité ne s'accompagne pas d'un fort brouillage, du fait que l'expression porte davantage sur le montré que sur le non montré.

3. Priorité pragmatique de la monstration et prédominance globale de l'expression

L'importance de l'expression dans la mise en scène filmique constitue l'un des aspects les plus surprenants du fonctionnement d'un outillage dont l'emploi consiste essentiellement dans la reconstitution de manifestations visuelles et sonores. En effet, parmi les stratégies qui déterminent l'importance relative de la monstration et de l'expression, seule la monstration en vrac se caractérise par la prédominance de la monstration. Qui plus est, il convient de noter que, dans cette stratégie, une telle prédominance se limite au niveau microscénographique. La raison en est que la stratégie de la monstration en vrac est fondée sur une série d'amorces descriptives que ne relie d'une manière cohérente aucun fil conducteur principal, du moins pour ce qui est de leur consécution immédiate, sinon de l'ensemble de leur succession. Et quand l'ensemble de la succession est lui aussi privé de fil conducteur principal, la prédominance de la monstration demeure également limitée au niveau microscénographique, l'expression prédominant au niveau macroscénographique du fait même de la mutiplicité des fils conducteurs et des ambiguïtés qui en résultent. Ainsi, dans le film de Werner Nekes déjà cité *T-Wo-Men*, est compensée l'absence de fil conducteur principal permettant de rapporter les amorces descriptives aux phases successives d'un procès filmé. Le spectateur peut en effet considérer ces amorces comme l'expression d'un thème illustrant le jeu de mots qui forme le titre du film, deux femmes réunies apparaissant engagées dans des relations intimes. Inversement, le spectateur peut être dérouté par le décousu caractéristique de ce film non conformiste et tomber dans une perplexité qui témoigne, d'une façon négative, de la prédominance globale de l'expression.

La prédominance globale de l'expression se retrouve dans les autres stratégies. D'une part, elle renforce la prédominance de l'expression qui caractérise, au plan microscénographique, la monstration-tremplin et la monstration-prétexte. D'autre part, elle diminue, dans la stratégie de la monstration suivie, la portée de la codominance de la monstration et de l'expression, sur laquelle est fondée, au plan microscénographique, cette forme de monstration.

Cependant, la prédominance globale de l'expression concerne le résultat de l'activité du réalisateur, mais non son exercice. Dans l'exercice, en effet, la monstration prédomine en ce sens du moins que les supports d'expression sont d'abord considérés par le réalisateur comme des éléments de monstration (priorité pragmatique). Plus précisément, c'est d'abord à ce titre que le réalisateur doit les mettre en évidence pour que le spectateur puisse appréhender les significations qu'ils véhiculent. Ainsi, dans la monstration-tremplin, où tout est fait pour que les éléments de monstration s'effacent derrière ce qu'ils expriment, l'emploi conjoint des procédés de soulignement et d'estompage relève en premier lieu de la stratégie de la monstration. Parmi les raisons qui fondent aussi bien la priorité pragmatique de la monstration dans la stratégie du réalisateur que la prédominance globale de l'expression dans les effets de la mise en scène, figurent notamment :

– le fait que la monstration filmique est une monstration
simulée, fondée sur la reconstitution de manifestations
visuelles et sonores, et qui permet une appréhension
artificielle des apparences des êtres filmés ;
– le fait que la monstration filmique, comme toute
monstration, est subordonnée à des intentions dont une
partie au moins se manifeste par les apparences du montré ;
– le fait que l'artifice qui sous-tend la monstration filmique
comprend la simulation du rapport qui s'établit, dans
l'appréhension directe, entre l'individu humain et son
milieu proche.

Cette simulation du rapport écologique ou, plus
exactement, de la manière dont ce rapport est vécu dans
l'expérience sensible immédiate, constitue l'un des
fondements de la prédominance de la monstration dans
l'activité du réalisateur. Elle concerne notamment les
opérations qui sous-tendent, sur le plan moteur,
l'appréhension directe (approche, recul, contournement,
etc.), c'est-à-dire, comme on l'a vu plus haut, les gestes par
lesquels l'individu offre à sa propre activité sensorielle les
objets occupant son environnement.

Il est vrai que l'automonstration caractéristique de
l'appréhension directe ne peut être simulée sous tous ses
aspects. L'artifice par lequel, dans l'appréhension filmique,
le réalisateur décharge le spectateur d'une partie des gestes
qui fondent l'appréhension directe, libère celui-ci de la
double nécessité de se mouvoir lui-même dans l'univers de
l'action et d'en affronter les agents. C'est dire qu'un tel
artifice empêche le spectateur de participer directement à
l'action (spectateur fantôme) et de se mouvoir librement
dans l'espace où l'action se développe (spectateur
transporté). D'autre part, cette simulation imparfaite de
l'automonstration pâtit du caractère partiel de l'impression
de réalité. Ainsi le fonctionnement de l'outillage
cinématographique met-il en évidence, aux yeux du
spectateur, que la fonction de support d'expression dévolue
aux éléments de monstration ne concerne pas seulement,
comme dans les rapports qu'établit l'appréhension directe

entre l'individu et son milieu proche, le rattachement de l'apparent à l'inapparent passé, futur ou présent, mais caché. Il est impossible, en effet, à cause des multiples marques de l'artifice, de masquer d'une manière permanente qu'il s'agit également de rattacher le montré aux intentions du réalisateur, dans le cadre de la relation sociale qui s'établit entre le réalisateur et le spectateur, par l'intermédiaire du milieu filmé que le spectateur occupe de façon fictive. Autrement dit, le réalisateur peut seulement estomper le fait que la monstration filmique n'est pas une monstration réelle et immédiate, mais une monstration simulée et différée (ou du moins indirecte, comme dans la télévision en circuit fermé), et qu'elle ne prend effectivement et complètement la forme d'une automonstration que dans le cas où le spectateur et le réalisateur sont une seule et même personne.

Il n'en demeure pas moins que le réalisateur ne peut jamais dissiper tout à fait l'illusion créée par cette simulation partielle de l'automonstration. Cela tient, pour une part, au fait que le véritable montreur, c'est-à-dire le metteur en scène, n'est jamais véritablement présent. Il s'efface toujours quelque peu derrière ce qu'il montre (comme l'agent d'un procès derrière le produit qui en résulte), même lorsqu'il apparaît lui-même sur l'écran ou que le film comprend un commentaire énoncé à la première personne pour fournir dans le détail les raisons de la mise en scène.

En revanche, il est plus facile de créer l'illusion que les êtres filmés se montrent eux-mêmes (monstration réflexive), ce qui tend à faire oublier qu'ils sont l'obejt d'une monstration effectuée par un agent extérieur. Le réalisateur obtient alors un effet équivalent à celui qui se produit dans l'appréhension directe, lorsque l'individu adopte une position immobile, qu'il soit ou non gêné par de trop faibles possibilités d'approche, de recul ou de contournement, etc., si bien qu'il a l'impression d'assister passivement aux mouvements de ce qu'il observe. Toutefois,

	AMORCES DESCRIPTIVES		DESCRIPTION
	N'EXCÉDANT PAS OU PEU LE TEMPS D'IDENTIFICATION	EXCÉDANT LE TEMPS D'IDENTIFICATION	
FIL CONDUCTEUR	MONSTRATION TREMPLIN	MONSTRATION PRÉTEXTE	PRÉDOMINANCE DE L'EXPRESSION
PRINCIPAL		MONSTRATION SUIVIE	CODOMINANCE EXPRESSION MONSTRATION
ABSENCE DE FIL CONDUCTEUR PRINCIPAL	MONSTRATION EN VRAC		PRÉDOMINANCE DE LA MONSTRATION

TABLEAU DES FORMES D'ÉQUILIBRE ENTRE LA MONSTRATION ET L'EXPRESSION AU PLAN MICROSCÉNOGRAPHIQUE

(au plan macroscénographique, il y a toujours prédominance de l'expression) ce primat du montré sur le montreur peut être évité. Le réalisateur y parvient en faisant longuement contraster l'immobilité du montré et la mobilité de la monstration (trajet en zone inanimée), mais seulement dans le cas où le spectateur n'occupe pas la place de l'une des personnes engagées dans les procès filmés, comme cela se produit dans le film d'Alain Resnais *Le Chant du styrène* (1958), consacré à la description d'une fabrique de matières plastiques en l'absence des personnes qui en assurent le fonctionnement. On obtient le même résultat quand un cadrage serré gêne l'appréhension des mouvements des agents. Par exemple, dans le film de Pierre Desquine *Thomas chez les M'bororo* (1979), un sportif africain, montré au cours d'une séance d'entraînement, est plusieurs fois cerné de si près qu'un certain temps est nécessaire au spectateur pour identifier la partie du corps se mouvant sur l'écran. Une telle réduction permet de substituer la monstration expresse à l'illusion de l'automonstration ou de la monstration réflexive. Comme le trajet en zone inanimée, elle constitue l'un des procédés les plus difficiles à utiliser, la codominance du montré et du montreur requérant les plus grandes précautions.

IV. FORMES D'ÉLABORATION DU SIMULACRE

1. Simulation de l'appréhension directe et de l'expression verbale

Simulée et différée, exprimant les intentions du réalisateur, la monstration filmique est susceptible de revêtir diverses formes. Elles varient selon que l'imitation est plus ou moins fidèle, l'expression plus ou moins claire, le réalisateur, montreur réel, plus ou moins effacé. Il s'agit d'autant d'options correspondant aux marges de liberté laissées par les diverses contraintes qui déterminent la monstration et l'expression.

C'est ainsi que la simulation de l'appréhension directe ne revêt pas nécessairement la forme de la cinématographie documentaire ou de la cinématographie de fiction réaliste. Offrant au spectateur des manifestations visuelles et sonores de nature "non figurative", le réalisateur peut en effet limiter la simulation de l'appréhension directe aux minima irréductibles. Ces minima correspondent aux diverses combinaisons qui résultent d'une monstration mobile ou immobile et d'un montré changeant ou immobilisé dans l'espace et/ou dans le temps. Par exemple, dans la combinaison d'un montré non figuratif immobilisé dans le temps et dans l'espace et d'une monstration fixe, la simulation des aspects non statiques de l'appréhension directe est limitée au temps d'appréhension, pour autant du moins que le spectateur résout dans ce sens l'ambiguïté foncière d'une telle combinaison. Seule, en effet, la simulation réaliste permet de lui donner une forme non ambiguë, comme on l'a vu plus haut, par la présentation répétée d'un instantané photographique ou d'un photogramme cinématographique figuratifs. En revanche, des indications supplémentaires rendent possible la combinaison d'une monstration fixe et d'un montré non figuratif immobilisé dans l'espace mais non dans le temps. On en trouve un exemple dans le film d'Alain Jessua *La Vie à l'envers* (1963), qui a pour sujet la détérioration progressive de l'univers mental d'un petit employé sombrant dans la schizophrénie. Un plan montre une série de taches qui forment une sorte de tableau abstrait, et correspondent en fait à un ensemble d'objet concrets tels qu'ils apparaissent au personnage qui les contemple sans les identifier en raison de sa maladie, comme cela est indiqué par la suite au spectateur. Autre combinaison, le contraste d'une monstration fixe et d'un montré non figuratif changeant, permet d'ajouter à la simulation du temps d'appréhension la simulation des caractéristiques temporelles non statiques du montré (ordre, rythme et durée des changements). Ainsi dans le film de Norman Mac Laren *Mosaïque* (1965), des lignes horizontales et verticales se déplacent de manière à constituer un damier en continuelle transformation.

Beaucoup plus proche de l'appréhension directe est la cinématographie documentaire ou de fiction réaliste. Cela tient notamment au fait que les manifestations visuelles et sonores qu'elle présente au spectateur sont la reproduction de certaines des apparences dont se compose l'expérience sensible immédiate. La simulation de l'appréhension directe constitue, à cause de cette reproduction, l'un des fondements de la cinématographie figurative. Mais son rôle varie en fonction de l'importance relative qu'expression et monstration revêtent dans la stratégie du réalisateur. En effet, comme toutes les formes de la simulation cinématographique, la simulation figurative est un mixte de monstration (simulation directe) et d'expression (simulation indirecte), où le montré sert de support d'expression au non montrable, de même qu'au montrable non montré. C'est ainsi que le montré comporte des indices qui permettent d'assigner au spectateur, comme on l'a vu plus haut, une position fictive dans l'espace et le temps de l'action.

Cette insertion artificielle du spectateur dans le milieu filmé n'est pas seulement, pour le réalisateur, un moyen de faciliter au spectateur l'appréhension des manifestations extérieures des procès qui s'y développent. Elle lui permet également de renforcer, chez le spectateur, l'illusion qu'il pénètre dans l'intériorité des personnes qui s'y trouvent engagées. Cependant, le réalisateur peut limiter l'insertion du spectateur dans le milieu filmé, en réduisant, par exemple, la présentation des faits et gestes des agents à des amorces descriptives excédant à peine le temps d'identification. Changeant très fréquemment la position fictive du spectateur dans ce milieu, le réalisateur peut notamment l'empêcher de suivre dans le détail l'activité de chacun des agents (monstration-tremplin, monstration-prétexte, monstration en vrac). Ainsi, dans le film de Richard Brooks déjà cité *La Chevauchée sauvage* une séquence montre quelques gestes de chacun des concurrents se préparant au départ de la course. Est par là même substituée, à l'insertion intensive, une insertion extensive qui présente certaines particularités. En effet, l'insertion intensive dans le milieu proche d'un agent donne à la simulation de l'appréhension directe une forme intimiste, fondée sur la description détaillée de la situation et des activités de l'agent (monstration suivie) ou sur des amorces descriptives se rapportant, d'une façon directe ou indirecte, au même agent (monstration-tremplin, monstration-prétexte ou monstration en vrac). Par exemple, dans le film de René Allio *La Vieille dame indigne* (1964), l'héroïne est suivie dans l'accomplissement des tâches domestiques et dans les loisirs qui lui sont reprochés par les membres de sa famille. Créant chez le spectateur l'illusion de pénétrer les sentiments et les idées d'un agent, le réalisateur l'amène à mettre en rapport tout ce qu'il lui présente avec cette intériorité reconstituée, même dans le cas où le spectateur n'occupe pas la même position que cet agent dans le milieu filmé. Il n'en va pas de même pour l'insertion extensive dans l'environnement d'une série d'agents qui occupent le même milieu ou des milieux différents. Le réalisateur fait pénétrer, d'une manière plus brève, sinon plus superficielle, le spectateur dans l'intériorité des agents, par un survol plus ou moins rapide des situations et des activités individuelles. Limitant la présentation de chaque agent au temps nécessaire à l'appréhension de certains indices, il applique l'une des stratégies susceptibles de conduire le spectateur à mettre en rapport l'individuel et le collectif, le spécifique et le général, qu'il s'agisse des relations entre les agents, les activités, les situations, ou de leurs points communs, leurs différences, etc. Ainsi, dans le film de Jean Rouch *La Goumbé des jeunes noceurs* (1965), les séquences consacrées aux activités collectives organisées par une association de loisirs alternent avec des séquences montrant brièvement les activités professionnelles de certains membres de l'association (tailleur, docker, chauffeur, mère de famille, etc.).

Que cette stratégie prenne la forme, au plan microscénographique, de la monstration-tremplin ou de la monstration-prétexte, la simulation de l'appréhension directe peut garder son importance, si le réalisateur fait prédominer le registre central au détriment des registres annexes, et la partie non verbale du registre central au détriment des écrits, monologues et dialogues. Fermant complètement les registres annexes, ou limitant leur contribution aux accents d'une musique discrète ou d'un commentaire discontinu, il donne alors, au registre central, un rôle dont la portée dépasse largement celle d'une simple toile de fond. Ainsi le flux des faits et gestes des agents peut-il bien être réduit à des amorces descriptives excédant à peine le temps d'identification. Occupant le registre central, il joue le rôle de fil conducteur unique ou principal, selon que la partie sonore de ce registre se limite aux bruits des agents ou qu'ils prononcent quelques paroles, la partie verbale d'ordre visuel se réduisant à peu de chose quand elle existe (brève présentation d'un écriteau, etc.).

A la simulation de l'appréhension directe fait pendant la simulation de certains aspects de l'expression verbale. Parmi les plus importants figure, outre la linéarité, l'ordre d'exposition, que l'exposition filmique simule notamment dans le cas où le réalisateur juxtapose, comme on l'a vu plus haut, des éléments que l'appréhension directe ne permet pas de rapprocher, en raison de leur disposition dans l'espace et/ou dans le temps.

En ce qui regarde la linéarité, la simulation de l'expression verbale par l'expression cinématographique non verbale est déterminée par les contraintes de limitation, le réalisateur ne pouvant montrer une chose sans en masquer et sans en estomper d'autres (loi d'exclusion totale ou partielle). Mais elle est gênée par les contraintes d'encombrement (10 ter). En effet, la monstration filmique ne permet pas, comme l'expression verbale, la présentation rigoureusement linéaire d'une seule et unique série de supports d'expression. Il est vrai que les délimitations permettent d'opposer les supports actuellement montrés à ceux qui font l'objet d'une monstration antérieure ou postérieure. Mais l'élimination qui résulte des délimitations n'est qu'un moyen de réduire le nombre des supports montrés. Elle ne peut aller jusqu'au point où le réalisateur ferait l'économie de toute présentation simultanée. Il en va de même pour les soulignements. Ils ont pour conséquence de privilégier certaines séries de supports d'expression, mais ne permettent pas pour autant d'éviter le fait que, d'un spectateur à l'autre, et d'un examen à l'autre chez le même spectateur, ce ne sont jamais tout à fait les mêmes supports qui sont appréhendés, ni la même série qui sert de fil conducteur principal. Autrement dit, à chaque visionnement, la série retenue comme fil conducteur principal est plus ou moins clairement discernée dans une sorte de gangue formée par les supports qui ne figurent pas dans cette série, et dont une partie échappe à l'appréhension du spectateur (montré non aperçu).

Dans ces conditions, la simulation du caractère linéaire de l'expression verbale par l'expression cinématographique non verbale se limite à des modes de linéarisation partielle. Certains de ses modes sont laissés à l'initiative du spectateur, comme dans certaines formes de la monstration-tremplin, où ils se constituent à partir des supports d'expression plus ou moins équivalents que le réalisateur présente simultanément, comme on l'a vu plus haut, à propos de *La Faille* de Peter Fleischmann. En d'autres cas, le réalisateur souligne fortement l'un des fils conducteurs possibles, et prend soin d'estomper les autres et/ou de les faire converger, comme fils conducteurs secondaires, sur le fil conducteur principal. Il ne s'agit plus de laisser le spectateur discerner, dans un fouillis de supports d'expresson redondants, de quoi former lui-même un fil conducteur. Il s'agit de l'amener à telle ou telle série de choix successifs, en prédéterminant les focalisations de son attention par les soulignements. Autrement dit, le réalisateur privilégie l'un des fils conducteurs possibles en balisant, par une série de soulignements, l'itinéraire qu'il fait suivre au spectateur dans le développement de l'action. Par exemple, dans le film de Guy Le Moal *Le Grand masque Molo* (1968), essentiellement consacré à la fabrication collective d'un masque cérémoniel chez les Bobo de Haute-Volta, angles et cadrages sont choisis de manière à privilégier le rapport instrumental entre l'agent principal, l'outil et le bois, au détriment des relations gestuelles et verbales entre cet agent et ses collaborateurs. Autrement dit, la linéarisation dirigiste consiste à limiter le fouillis au plan de la monstration, et l'ambiguïté au plan de l'expression, de manière à réduire la concurrence entre fils conducteurs jusqu'au point suffisant pour assurer la prédominance de l'un d'entre eux, ou du moins, une codominance positive fondée sur leur convergence.

Ainsi la linéarisation ne peut aller, sur la scène du montré, au-delà de la prédominance d'un fil conducteur principal, ou de la codominance plus ou moins harmonieuse de plusieurs fils conducteurs convergeant du fait qu'ils sont relatifs, soit à divers objets appartenant au même ensemble, soit à divers aspects d'un même objet. On peut donner comme exemple du premier cas les scènes de poursuite dans les films policiers, caractérisées par une monstration comprenant à la fois des fragments du parcours des voitures, des faits et gestes des malfaiteurs et de leurs poursuivants, les claquements des coups de feu, les crissements des pneus sur le bitume, etc. Pour illustrer le second cas, on peut citer un plan-séquence du film de Philippe Lourdou *Kebo* (1978), dans lequel est montrée une femme bozo qui tresse les cheveux d'une fillette tout en allaitant son enfant. On peut également citer le film de Vicente Minnelli *Tous en scène* (*The Ban wagon*, 1954), au début duquel Fred Astaire, plongé dans la lecture de son journal, esquisse une danse de claquettes, d'abord assis puis debout, tout en se prêtant aux soins d'un jeune cireur de chaussures. En somme, la linéarisation cinématographique est très loin de la linéarité de l'expression verbale qu'elle s'attache à imiter et, plus particulièrement, de la linéarité de l'expression écrite.

L'une des manifestations de cette différence est que l'appréhension filmique n'est pas soumise de la même manière que la lecture à la loi de privation libératrice, déjà mentionnée, en vertu de laquelle l'activité du destinataire peut être sollicitée d'autant plus facilement, et s'exercer d'autant plus librement dans un domaine, que les autres domaines lui sont totalement ou partiellement fermés. En effet, comme on l'a vu plus haut, dans la lecture, la privation libératrice concerne la quasi-totalité du sensible. C'est l'absence de toute manifestation sensible autre que celle de l'expression graphique elle-même (manuscrite ou typographique) qui fonde le haut degré de liberté laissé à l'imagination du lecteur. En revanche, dans l'appréhension filmique, l'absence de toute participation directe à l'action (spectateur fantôme) et de mouvements autonomes dans l'espace et le temps où l'action se développe (spectateur transporté) ne libère pas pour autant le spectateur du sensible comme tel. Dans la lecture, c'est la fermeture quasi complète du domaine du sensible immédiat qui fait de l'imaginaire le domaine où l'activité du destinataire peut être sollicitée le plus facilement et s'exercer le plus librement. Au contraire, dans l'appréhension filmique, ce domaine ne peut être uniquement constitué par l'imaginaire.

Sans doute, la sollicitation directe (expression filmique verbale) et indirecte (expression filmique non verbale) de l'imagination joue-t-elle un grand rôle dans l'appréhension filmique. Elle constitue notamment, comme on l'a vu précédemment, l'un des moyens qui fondent l'insertion fictive du spectateur dans le milieu filmé. Mais le domaine du sensible ne se réduit pas, comme dans la lecture d'un texte, à des manifestations graphiques qui tendent à s'effacer très fortement derrière ce qu'elles expriment. Cela tient aussi bien à l'analogie que présentent les reproductions cinématographiques avec ce qu'elles reproduisent qu'à l'illusion partielle qu'il ne s'agit pas de reproductions. D'autre part, le repérage des séries d'éléments de monstration et le discernement des fils conducteurs que forment de telles séries, sont des activités plus complexes que la lecture d'un texte. Du moins le sont-elles suffisamment, en ce qui a trait à la perception, pour retenir l'attention du spectateur plus centrée sur les détails de ce qu'on lui montre que celle du lecteur sur certaines caractéristiques de l'expression écrite, telle que la mise en page ou le style typographique.

Ainsi, la linéarisation cinématographique demeure très loin de la linéarité de l'expression verbale, pour des raisons tenant aussi bien aux modalités de la monstration qu'à celles de l'appréhension. Il y a toutefois, chez le réalisateur, au cours de l'élaboration du film, des activités dans lesquelles cet éloignement est bien moindre, comme on verra à propos des registres préparatoires.

2. Ecriture et réalisation

L'une des manières dont on mentionne le plus couramment la double simulation filmique de l'expression verbale et de l'appréhension directe consiste dans l'opposition entre écriture et réalisation, telle que l'exprime la formule : " Film écrit et réalisé par...", utilisée lorsque la même personne s'est chargée du scénario et de la mise en scène.

Un tel usage accrédite l'idée qu'un film se prépare comme une pièce de théâtre, un morceau de musique, un ballet, voire une œuvre d'architecture. Il s'agit, en effet, de créations qui existent d'abord sur le papier, et parfois bien avant de prendre la forme concrète qui sera offerte au spectateur. Pour ce qui est des sociétés de culture écrite, les créations qui ressemblent le plus au cinéma, dans cette perspective, sont celles de l'opéra. La raison en est qu'un film peut requérir en même temps la rédaction de dialogues parlés ou chantés, la composition d'un accompagnement musical, la détermination précise du jeu ordinaire ou chorégraphique des acteurs, le dessin et la confection des costumes, la conception architecturale et picturale du décor et de l'ameublement. Pour ce qui est des formes de spectacle inventées par les sociétés de tradition orale, les créations qui ressemblent le plus au cinéma, toujours considéré dans la même perspective, sont les cérémonies religieuses dans lesquelles l'accomplissement du rite est réglé par un rituel souvent fort précis. Il s'agit d'un programme véhiculé par des formules toutes faites, et très fréquemment par des vers, la poésie orale ayant une fonction comparable à celle qui est dévolue aux textes proprement dits dans les sociétés de culture écrite. La ressemblance avec le cinéma est ici fondée sur la préexistence d'un programme plus ou moins détaillé. En l'absence de texte, le programme a pour véhicule les formules qui se conservent par la mémoire biologique, tout comme les instructions données par le metteur en scène, soit aux acteurs, soit aux techniciens, et dont il arrive qu'une partie au moins ne fasse pas l'objet d'une notation.

Est aussi accréditée l'idée qu'un film existe d'abord dans l'esprit du réalisateur, si bien que le réalisateur aurait pour première tâche d'illustrer ce qui est initialement conçu par l'imagination. Il s'agit, uniquement ou principalement, de l'imagination du réalisateur, quand le film est écrit et réalisé par la même personne. Il s'agit, lorsqu'il en va différemment, en même temps que de l'imagination du réalisateur, de l'imagination de la ou des personnes chargées du scénario, à quoi s'ajoute par exemple, si le film est inspiré par une œuvre non cinématographique, l'imagination d'un dramaturge ou d'un romancier. Il s'agit en somme, si l'on tient compte des deux idées, d'un imaginaire préexistant, de caractère individuel ou collectif, et qui est consigné ou, du moins, consignable par écrit, dans une mesure suffisante pour permettre aux organismes producteurs de s'engager en connaissance de cause.

Considérées du point de vue de la scénographie du cinéma, de telles idées ne laissent pas de susciter quelque gêne, du moins à première vue. Les adopter sans examen peut en effet conduire à une conception logocentrique du cinéma, selon laquelle illustrer ce qui est initialement conçu par l'imagination serait non seulement la première tâche, mais qui plus est, la tâche principale du réalisateur (11). Plus précisément, le montré se trouverait limité à la simple représentation matérielle d'un imaginé préexistant d'ordre non verbal, mais plus ou moins subordonné à l'expression orale ou écrite.

Il apparaît en revanche, quand on soumet à l'examen ces deux idées, qu'il ne faut pas confondre la priorité chronologique dont bénéficie toujours quelque peu, par contrainte, l'imaginaire verbal, et la priorité optionnelle dont il peut bénéficier sur le plan stratégique.

Par exemple, dans l'ordre optionnel, la prédominance de l'imaginaire verbal est susceptible de revêtir des formes très accusées, comme dans la monstration-tremplin accompagnée ou non d'un commentaire, ainsi qu'en témoigne le film de Jean Vigo *A propos de Nice* (1929). Le réalisateur choisit à l'avance, lors de la préparation du tournage et du montage, les éléments qui feront l'objet de très courtes amorces descriptives n'excédant pas ou peu le temps d'identification. Ce choix peut supposer une longue préméditation qui fait souvent l'objet d'un travail de groupe et dont les résultats sont consignés par écrit dans un scénario, ou même dans un découpage très précis. Durant la projection, cette succession d'amorces fait prédominer chez le spectateur la sollicitation de l'imaginaire verbal au détriment de celle de l'appréhension du sensible, la seconde servant principalement de tremplin à la première, d'où le nom que nous avons donné à ce type de monstration.

Une option comparable, d'ordre purement cognitif, caractérise, en scénographie systématique, la stratégie qui vise à trouver dans les types de monstration des unités plus petites que le plan. Lui fait pendant l'option pratique où l'on subordonne la réalisation à l'écriture préalable d'un découpage très précis. Se pose en effet, dans l'expérience du découpage, ne serait-ce qu'au titre de curiosité, le problème de l'importance particulière qu'est susceptible de revêtir, à l'intérieur d'un même plan, la constance ou la modification de l'angle ou du cadrage.

Dans la pratique, ce problème est résolu d'une manière intuitive, car le réalisateur est informé par l'expérience. Aussi apprend-il, par exemple, que l'importance d'un cadrage en plan moyen d'une personne (cadrage céphalo-pédestre) varie suivant le type de monstration dans lequel il s'inscrit. En effet, cette importance n'est pas la même selon qu'il s'agit d'une amorce descriptive inscrite dans une séquence de plans très courts (monstration-tremplin), où elle est réduite au temps d'identification ; d'une amorce descriptive inscrite dans une séquence de plans moins courts (monstration-prétexte) où elle excède ce temps ; ou d'une description poussée dans un plan-séquence (monstration suivie). La principale raison en est que, dans la monstration-tremplin, on peut tout juste donner au spectateur le temps de reconnaître une figure de forme humaine, tandis que dans la monstration suivie, on peut lui laisser le loisir suffisant pour entrer davantage dans les détails.

En revanche, dans la recherche fondamentale, la solution du problème suppose la prise en compte de relations très complexes. Parmi ces relations figure celle qui s'établit, dans l'activité du réalisateur, entre la notion de cadrage ou d'angle, telle qu'elle peut faire l'objet d'une mention écrite dans un découpage, et le geste qui lui correspond chez l'opérateur, au cours de la réalisation, puis sur l'écran, au cours de la projection. En effet, le réalisateur ne peut d'une manière précise mentionner sur le papier du découpage, ou évoquer dans son esprit, toutes les options concernant la constance et la variation du cadrage ou de l'angle. Ainsi ne dispose-t-il pas d'une expression écrite équivalant à celle de l'alphabet, série de lettres par l'examen critique desquelles la linguistique a pu élaborer les notions de morphème et de phonème. Sans doute peut-on concevoir, en considérant notamment les schèmes sensori-moteurs, comme nous aurons l'occasion de l'expliquer dans un autre exposé, un corps de notions comparables à celui que constitue, pour l'expression orale ou écrite, la lettre prise dans ses divers sens. Mais il s'agit de relations dont le réalisateur peut seulement tenir compte d'une manière intuitive et dont la recherche fondamentale commence à entrevoir la nature. Aussi avons-nous préféré, dans le présent travail, évoquer seulement ce problème parmi les raisons qui limitent l'emprise de l'écriture sur la réalisation.

Si la monstration-tremplin est une option caractérisée par une forte emprise de l'écriture sur la réalisation, cette emprise peut être diminuée, durant la préparation du tournage ou du montage, dans la monstration-prétexte, la monstration suivie ou la monstration en vrac, pour peu que le réalisateur donne davantage libre cours, lors du tournage, à sa propre imagination ou à celle des personnes filmées, comme l'a, par exemple, souvent fait Jean Rouch (12).

A la préexistence d'un programme initial établi durant les phases préparatoires fait ainsi pendant, durant les phases d'exécution, l'émergence d'un programme complémentaire. Le programme initial est conçu, sinon dans le calme de la réflexion intérieure et le silence du cabinet, du moins hors de l'urgence de l'instant, et représenté d'une manière plus ou moins concrète dans l'imagination du réalisateur. Eventuellement consigné avec plus ou moins de détails sur le papier (synopsis, scénario, continuitée dialoguée, découpage), il peut faire l'objet d'une préparation et d'une préméditation poussées. Elaboré sur le tas, dans le feu de l'action et de l'enthousiasme qu'elle engendre souvent, le programme complémentaire se caractérise, en revanche, par un fort degré d'improvisation et de spontanéité. Il est le fruit d'une imagination dont l'exercice est profondément lié à celui des activités qu'elle inspire et qui en permettent, dans l'immédiat, la manifestation extérieure (13).

Il peut s'agir aussi bien des activités montrées que de celles du montreur et, pour ce qui regarde l'expression orale, aussi bien des paroles dites que de la diction du réalisateur ou des personnes filmées. Sans doute, dans ce qui est dit ou fait, peut-on toujours déceler les marques d'une certaine préparation et, par là même, d'une certaine préexistence. Dans le dire comme dans le faire, quelque chose rattache l'orateur et l'agent aux multiples apprentissages qui ont jalonné sa vie d'une manière inconsciente et diffuse, ou consciente et organisée. Ce qui, dans la réalisation cinématographique, n'est pas prémédité par l'écriture préparatoire, n'échappe pas pour autant à l'emprise du passé, telle qu'elle est fondée sur les traces mémorielles. Nous aurons l'occasion d'y revenir à plusieurs reprises. Mais du moins convient-il déjà de noter ici, pour ce qui est de l'imagination, que l'imagination créatrice consiste en grande partie à réunir des routines jusqu'alors séparées, et qui sont parfois difficilement combinables. Ainsi, la stratégie du réalisateur a-t-elle pour objet, sur ce point, de trouver le meilleur équilibre entre l'imagination qui s'exprime par les traces que laisse l'écriture sur les papiers préparatoires et l'imagination dont témoignent, lors de l'exécution, des gestes qui sont en partie fonction des traces de la mémoire.

Nous allons voir, à propos de la complémentarité de la préparation et de l'exécution, quelle importance revêt pour l'intelligence de la mise en scène cinématographique, l'opposition entre la stratégie de la trace et la stratégie du geste. Mais il convient également d'indiquer déjà certains des aspects du dialogue verbal et gestuel qui s'établit, sinon lors de la préparation, du moins lors de l'exécution, entre le réalisateur et les personnes filmées, au double plan de l'imagination et de l'action. En effet, lors de la préparation, la participation des personnes filmées peut se réduire, quand il s'agit d'acteurs professionnels, à quelques remarques concernant aussi bien les gestes déjà prévus que les paroles qui les accompagnent. En revanche, durant l'exécution, les personnes filmées sont engagées, sinon avec le réalisateur, du moins avec l'opérateur, dans une relation à double face. Les termes de cette relation sont respectivement constitués, au plan de l'extériorité, par les activités que l'on montre et par celles du montreur, et, au plan de l'intériorité, par l'imagination dont témoignent toujours plus ou moins, de part et d'autre, ces activités complémentaires.

Sans doute est-il fréquent que le développement de cette relation apporte peu de choses qui n'aient déjà été prévues dans l'écriture préparatoire. Au pire, les activités montrées, tout comme celles du montreur, peuvent donner l'impression qu'elles sont le fait d'automates et que le film a été entièrement composé par un ordinateur. Au mieux, cependant, il peut arriver que la relation permette une coopération féconde (14).

Fondée sur l'action et sur l'imagination, la relation entre le réalisateur et les personnes filmées devient alors comparable, mutatis mutandis, à la relation amoureuse telle qu'elle et définie dans le fameux aphorisme de Chamfort (mais sans qu'il faille nécessairement adopter son pessimisme) : " L'amour, tel qu'il existe dans la société, n'est que l'échange de deux fantaisies et le contact de deux épidermes" (15). Toutefois, la relation n'est pas nécessairement fermée sur ses deux termes constitutifs, puisque le film peut avoir d'autres spectateurs que le réalisateur et les personnes filmées. Aussi devrons-nous reprendre l'examen de la complémentarité de l'action et de l'imagination à propos des modes et des niveaux de la sollicitation du spectateur.

3. Préparation et exécution

Qu'il s'agisse de l'équilibre entre la monstration et l'expression ou des parts respectivement faites aux simulations de l'appréhension directe et de l'expression verbale, la stratégie du réalisateur varie suivant le rôle assigné aux registres préparatoires dans la création cinématographique.

Comme le peintre fait des esquisses, le sculpteur des ébauches, le chorégraphe des diagrammes, etc., le cinéaste peut utiliser des registres préparatoires. Ces registres sont ou non de même nature que les registres d'exécution mis en œuvre dans le film définitif. Tel est le cas des bouts de film servant pour le repérage technique, des bouts d'essai facilitant le choix des acteurs, des esquisses vidéographiques de certaines séquences ou de tout le film (16). Il en va autrement pour les registres hétérogènes, qui diffèrent plus ou moins des registres d'exécution, et parmi lesquels figurent les photographies, les dessins, les diagrammes de tournage, ainsi que les divers textes rédigés durant la préparation du film, tels que scénarios, synopsis, découpages, continuités dialoguées, etc.

L'emploi de ces divers registres est l'une des activités qui déterminent le degré de préméditation tout comme l'équilibre entre la fixation et l'improvisation. Ainsi peuvent être diminués les inconvénients de l'appartenance du cinéma à la classe des moyens d'expression à manifestations fluentes, immédiatement fondés sur les gestes. Cette diminution est plus facile en cinématographie et phonographie que dans les autres techniques du geste, dont le support est fugace, au moins pour une part. De ce fait, parole, mime, danse, musique, rites, cérémonies, théâtre, opéra, cirque, etc. se caractérisent par le rôle important qu'y joue l'emploi, toujours délicat, des registres de préparation hétérogènes, dont l'exemple le plus significatif est l'écriture musicale. Au contraire, cinématographie et phonographie bénéficient de ce qu'elles font partie des techniques d'expression immédiatement fondées sur des traces.

Phonographie et cinématographie ont en effet un support persistant, bien qu'elles ne se caractérisent pas, à l'instar des autres techniques de la trace, par des manifestations purement statiques mais par des manifestations fluentes, ainsi que les autres techniques du geste. Aussi peuvent-elles utiliser plus commodément les registres de préparation homogènes.

En revanche, dans les autres techniques du geste, l'emploi de ces registres homogènes souffre de la fugacité de leur support. C'est du moins ce qui se produit lorsqu'il s'agit des registres homogènes traditionnels, et non des esquisses vidéographiques qu'utilisent maintenant chorégraphes et dramaturges, ainsi que de nombreux spécialistes étudiant ou pratiquant les arts et les techniques du corps. La raison en est que l'unique support persistant propre à conserver les manifestations fluentes est alors la mémoire humaine. En effet, les supports persistants des registres de préparation hétérogène font partie des techniques de la trace. Ils figent les manifestations dans l'instantané et peuvent seulement servir à faciliter leur évocation.

Si l'appartenance du cinéma aux techniques de la trace permet de diminuer les inconvénients qu'entraîne son appartenance simultanée aux techniques du geste, cette diminution ne peut aller jusqu'à la suppression complète.

Seules bénéficient pleinement du libre examen les techniques de la trace à manifestations purement statiques. En cinéma, comme dans toutes les techniques du geste, la soumission de l'examen au temps d'appréhension est d'autant plus grande que sont fluentes les manifestations. Sans doute, le réalisateur peut-il recourir au ralenti ou à la répétition de l'examen. Mais ces procédés apparaissent comme des moyens de compensation très imparfaits s'il s'agit d'apprécier dans le détail la portée du spectacle, lorsque celui-ci n'est pas destiné à être présenté au ralenti ou de façon répétée. Aussi faut-il tenir compte du fait que le spectateur est également soumis, comme on l'a vu plus haut, au temps d'appréhension. Une telle précaution n'est pas inutile dans les techniques de la trace à manifestations purement statiques, surtout lorsque le montreur est préoccupé par la première impression suscitée chez le spectateur. Mais elle est moins importante que dans les techniques du geste, car il n'y a pas, sauf exception, du temps d'appréhension imposé.

Toutefois, pour certains aspects de la préparation, l'appartenance du cinéma aux techniques de la trace compense plus fortement les effets de son appartenance aux techniques du geste. Parmi ces aspects figure le montage discontinu, qui est l'une des activités du réalisateur sur lesquelles de nombreux auteurs se fondent pour considérer, à tort ou à raison, le cinéma comme une forme d'écriture. En effet, lors de l'agencement des épreuves, c'est-à-dire des divers bouts de film impressionnés séparément (rushes), le réalisateur peut faire l'essai de plusieurs combinaisons pour déterminer la plus conforme à ses intentions. Il procède alors à des assemblages de manifestations fluentes d'une manière dont on ne trouve pas d'équivalent direct dans les autres techniques du geste hormis la phonographie. C'est que de tels assemblages ne portent pas d'emblée sur les manifestations fluentes mais sur des traces, les manifestations fluentes n'étant restituées par la projection, grâce au montage discontinu, qu'une fois juxtaposées les traces que le réalisateur a enregistrées pendant le tournage (17). Ainsi, le réalisateur occupe-t-il, durant le montage discontinu, par rapport aux manifestations fluentes, une position comparable à celle dans laquelle l'écrivain se trouve placé vis-à-vis des réalités sensibles qu'il évoque, lorsqu'il assemble des mots dans des phrases, des phrases dans un paragraphe, etc.

De nombreuses différences séparent les deux positions. Parmi elles figurent celles qui procèdent de l'opposition entre la nature sensible des reproductions cinématographiques et la nature quasi sensible des représentations d'ordre mémoriel ou imaginatif qu'exprime l'écriture. Par exemple, l'éventail des évocations qui viennent à l'esprit de l'écrivain peut être baucoup plus large que celui des reproductions que manipule le cinéaste. Inversement, la juxtaposition de deux situations peut s'effectuer d'une manière beaucoup plus saisissante par le montage filmique que par la composition littéraire. Cela tient à la possibilité qu'a le cinéaste, et dont l'écrivain est privé, de jouer à la fois sur le simultané et sur le successif.

Cependant, les positions de l'écrivain et du cinéaste sont suffisamment proches pour que l'on puisse parler d'écriture cinématographique au moins sur certains points. Cela provient principalement du fait que la composition littéraire et le montage cinématographique discontinu portent tous deux sur des traces. Sans doute ne s'agit-il pas de traces de même nature (18), abstraction faite des registres filmiques verbaux, soit oraux, soit écrits. Mais dans les deux cas les traces sont effectuées sur un support suffisamment persistant pour que leurs éléments puissent être déplacés sans oubli ni déformation d'un assemblage à l'autre, par simple copie des mots dans la composition écrite, par copie ou transfert de plans dans le montage cinématographique discontinu. Il est vrai que cette opération soulève des problèmes pour ce qui est des plans cinématographiques, du fait qu'ils ne se prêtent jamais tout à fait au libre examen, comme on l'a vu plus haut. Il est vrai aussi que les plus petits éléments déplaçables d'un assemblage à l'autre sont beaucoup plus réduits dans la composition littéraire que dans le montage cinématographique discontinu, le plan constituant plutôt l'équivalent de la phrase que celui du mot. Cependant le critère que l'on prend ici en compte pour considérer le montage cinématographique discontinu comme une sorte d'écriture est que certains éléments peuvent être déplacés d'un assemblage à l'autre, quelles que soient leur taille et les difficultés de leur examen. Autrement dit, ce qui rapproche ici de la composition littéraire le montage cinématographique discontinu est que le cinéaste dispose à discrétion des éléments qu'il envisage d'assembler. La libre disposition des plans compense les difficultés qui empêchent le cinéaste d'examiner chacun d'entre eux aussi librement que l'écrivain peut le faire pour les mots, les phrases, les paragraphes, etc.

Toutefois, ici comme ailleurs, la compensation permet seulement de diminuer les difficultés, non de les supprimer. En effet, comme on l'a vu plus haut, c'est le caractère statique des manifestations et la persistance du support dans les techniques traditionnelles de la trace, qui fondent la liberté du montreur dans la mise en scène, et du destinataire dans l'appréhension. Inversement, c'est le caractère fluent des manifestations qui soumet montreur et destinataire au temps d'appréhension en phonographie et cinématographie, moyens faisant simultanément partie des techniques de la trace et des techniques du geste. Ainsi, dans le montage cinématographique discontinu, la liberté du montreur est-elle principalement fondée sur la persistance du support, condition du déplacement des éléments d'un assemblage à l'autre, et limitée par la fluence des manifestations, cause de la soumission au temps d'appréhension pour chaque élément.

Il résulte de ces difficultés que la mise en scène cinématographique se caractérise par un certain équilibre entre la stratégie des techniques de la trace et celle des techniques du geste.

Pour ce qui est des contraintes, plus le film comporte de manifestations statiques, plus il est facile d'appliquer la stratégie de la trace fondée sur les moyens de fixation et de préméditation. Inversement, plus le film comporte de manifestations fluentes, plus le réalisateur peut être tenté de recourir à l'improvisation caractéristique de la stratégie du geste, comme c'est notamment le cas pour Jean Rouch, dans plusieurs de ses films (19).

Pour ce qui est des options, l'équilibre entre geste et trace revêt des formes qui diffèrent dans la mesure où l'on suit ou non la pente favorisée par les contraintes. Par exemple, quand prédominent les manifestations statiques, le réalisateur peut être enclin à opter pour la mise en scène fondée sur une succession de plans courts et rapprochés. On en trouve l'exemple dans certains films publicitaires vantant les qualités d'un produit, dont on montre seulement, sous divers angles, l'emballage portant la marque. Suivant la pente favorisée par les contraintes, il choisit à la fois l'une des formes les plus accusées de la monstration-tremplin et l'un des agencements les plus proches de la composition littéraire, car il se prête à l'emploi des moyens de préméditation.

En revanche, quand prédominent les manifestations fluentes, le réalisateur peut abonder dans le sens favorisé par les contraintes, en préférant des plans longs et larges, tout en réduisant les inconvénients de cette option par une préparation détaillée. C'est la stratégie qu'ont choisie Alfred Hitchcock pour *La Corde* (1948) et Miklos Jancso pour plusieurs de ses films, dont *Psaume rouge* (1972), la mise en scène étant dans les deux cas réglée comme un ballet.

Qu'il s'agisse des contraintes ou des options, la recherche de l'équilibre entre geste et trace peut se trouver favorisée, sous certaines conditions, par divers procédés. Ainsi, quand le film ne peut être tourné en un seul plan, la nécessité de recourir au montage discontinu devient un facteur propice à la recherche de l'équilibre, s'il est possible de refaire les prises jugées, soit défectueuses, soit trop fragmentaires (20). Il en va de même, en ce qui regarde les options, lorsque le réalisateur refait les prises sans y être obligé.

On ne peut toutefois, dans tous les cas, répéter à discrétion les prises, comme on tire de nombreuses copies d'un même original. Plus on répète les prises, plus on prend le risque, si l'on n'y prend garde, de perdre en spontanéité ce que l'on gagne en rigueur. En effet, la multiplication des enregistrements est l'un des moyens qui permettent d'introduire en cinématographie la répétition, procédé caractéristique de la stratégie des techniques du geste, en même temps que les esquisses, procédé caractéristique de la stratégie des techniques de la trace. Comme on l'a vu plus haut, la principale raison en est que les esquisses constituent des registres de préparation homogènes dont il n'existe pas d'équivalent dans les techniques du geste à support fugace, où le montreur est obligé d'utiliser les registres de préparation hétérogènes, tels que les notations des pas chez les chorégraphes. Cependant, la spontanéité est l'un des facteurs dont il faut tenir compte dans la recherche de l'équilibre entre fixation et improvisation comme entre improvisation et préméditation (21). Trop d'attention portée à la fixation, qui est pour la préméditation l'une des conditions principales, peut avoir cette fâcheuse conséquence de réduire la spontanéité et la fraîcheur du regard nécessaires à toute création (22).

Sans doute la spontanéité joue-t-elle, dans l'ensemble, un rôle plus décisif dans les techniques du geste à support fugace que dans les autres moyens d'expression. Mais son importance peut être aussi grande dans les techniques de la trace, comme en témoigne la peinture à la fresque, l'œuvre devant être réalisée en un temps très bref, tout de suite après le gâchis du plâtre. Cela tient à l'unité des techniques du geste et de la trace. La trace n'étant jamais qu'un geste fixé, que l'on ne peut contrôler absolument lors de son effectuation, la méthode des esquisses peut seulement constituer un adjuvant. Il reste toutefois que cet adjuvant peut permettre d'améliorer considérablement le geste créateur de la trace. Dans la peinture à la fresque, l'artiste peut s'y trouver conduit, soit en faisant des esquisses, soit en refaisant le gâchis si l'exécution ne lui convient pas. Il en va de même en cinématographie, où la classique répétition des prises, très courante dans l'élaboration des films de fiction, est maintenant complétée par la réalisation d'esquisses vidéographiques. C'est ainsi qu'a procédé Chantal Ackerman, lors de la préparation du tournage de *Jeanne Dielmann*, pour que le rythme des gestes de l'actrice, Delphine Seyrig, acquière la lenteur et la régularité souhaitées.

L'unité des techniques de la trace et du geste apparaît dans les techniques de la trace par le fait qu'une trace est un geste fixé et, comme nous le verrons plus loin, par les multiples gestes que permet au spectateur la liberté d'examen. Elle se manifeste dans les techniques du geste au moins dans la mesure où les gestes sont réglés par des traces mémorielles. Une telle mesure n'est jamais nulle en ce sens que tout geste créateur se compose, en partie au moins, de mouvements qui ont fait l'objet d'un apprentissage antérieur et que l'on répète au moment de l'exécution. C'est à cause de l'exercice de cette fonction mémorielle que le geste créateur ne peut jamais résulter uniquement de l'improvisation et de la spontanéité. De même ne peut-il, à l'inverse, résulter uniquement de la préparation et de la préméditation. La raison en est qu'il ne peut faire, au préalable, l'objet d'un contrôle absolu, y compris dans le cas où l'homme ne prend aucune part directe et immédiate à son exécution.

Il reste seulement qu'un fort degré de préméditation peut être obtenu en facilitant l'exercice de la fonction mémorielle, soit directement par la répétition, soit indirectement par le secours de traces extérieures, utilisées comme registres de préparation hétérogènes.

Ainsi est-on conduit à tenir compte, parmi d'autres critères permettant de distinguer les diverses stratégies de mise en scène, du fait qu'elles se caractérisent par le primat de la préméditation, comme chez Alfred Hitchcock, ou par celui de la spontanéité, comme chez Jean Rouch, dans tout ou partie des activités de préparation. Il s'agit, dans le premier cas, de limiter au minimum irréductible la part de spontanéité, quitte à s'efforcer éventuellement d'en donner l'illusion. Inversement, dans le second cas, il s'agit de diminuer le plus possible la part de la préméditation, la préparation ayant pour principal objet de réunir les conditions de la plus grande spontanéité.

En cinématographie comme en phonographie, la recherche de l'équilibre entre préparation et improvisation, entre préméditation et spontanéité, est déterminée par la double appartenance aux techniques du geste et aux techniques de la trace. Si l'œuvre présente, en raison de la fluence des manifestations, un caractère gestuel, elle n'est pas limitée à l'immédiateté de son effectuation, comme c'est le cas de l'œuvre essentiellement gestuelle, caractéristique des techniques du geste à support fugace. Cela tient au fait qu'elle revêt à la fois certaines caractéristiques de l'œuvre-geste et de l'œuvre-trace, telles que la fluence des manifestations, pour ce qui est de la première, et la persistance du support, pour ce qui est de la seconde.

Dans les techniques du geste à support fugace, la préparation concerne principalement le seul support persistant dont on ne soit jamais totalement privé, c'est-à-dire les traces mémorielles. Ainsi peut-on avoir recours, comme on a vu plus haut, dans l'ordre des registres de préparation homogènes, à la répétition ; dans l'ordre des registres de préparation hétérogènes, aux diverses traces extérieures que constituent les traces mnémoniques. Il s'y ajoute les registres auxiliaires, que l'on utilise pendant l'exécution, et dont certains sont de nature hétérogène, comme les partitions dans l'exécution musicale, tandis que d'autres sont de nature homogène, comme le début des tirades que le souffleur rappelle aux acteurs de théâtre. Cet emploi des techniques auxiliaires met en évidence la profonde unité qui rattache, dans les techniques du geste à support fugace, la préparation et l'exécution, c'est-à-dire le fait qu'elles consistent toutes deux en mouvements corporels. Il en va de même pour la coïncidence et la communauté de nature entre l'exécution et la présentation, qui ont lieu simultanément devant le destinataire.

Au contraire, les techniques de la trace à manifestations statiques se caractérisent par la séparation entre l'exécution et la présentation, tout comme par leur différence de nature. L'exécution y constitue, pour la plus grande part, la dernière étape de la préparation. Quant à la présentation, elle peut se réduire à la simple exposition statique de l'œuvre, hormis pour ce qui est du destinataire, dont la participation à la présentation appartient aux techniques du geste. Reste seulement le cas dans lequel la présentation comporte l'emploi de registres auxiliaires faisant partie des techniques du geste, comme cela se produit dans les visites guidées, le destinataire étant alors privé en partie de sa liberté d'examen. En effet, s'il bénéficie pleinement de cette liberté lorsqu'il s'agit d'un guide imprimé qu'il peut consulter à sa guise, il se retrouve dans la situation typique du destinataire des techniques de la trace, caractérisée par le statisme de la présentation.

En cinématographie l'exécution est incluse, pour la plus grande part, dans la préparation, seule faisant exception la présentation, comme dans les techniques de la trace à manifestations statiques. En effet, à la présentation statique des œuvres picturales, photographiques, etc., font pendant, comme on a vu plus haut, les présentations successives dont le statisme est masqué par l'illusion que donne la projection de reproduire durée et mouvement. De ce fait, les gestes du montreur enregistrés lors de la dernière étape de la préparation, au lieu de s'effacer, comme dans les techniques de la trace à manifestations statiques, derrière les traces qu'ils ont créées, masquent les traces qui permettent leur restitution. Inclus dans la phase de l'exécution qui précède la présentation, ils semblent néanmoins faire partie de la phase terminale de l'exécution, c'est-à-dire de la présentation.

Ainsi apparaissent les fondements de l'appartenance de la cinématographie aux techniques du geste. Au plan de la présentation réelle, l'appartenance est partiellement illusoire, car l'exécution se termine par la présentation d'une série de traces statiques sollicitant successivement le spectateur. En revanche, au plan de la présentation vécue, l'appartenance est effective, car cette présentation est identique sur certains points, et globalement analogue, à celle qui caractérise les techniques du geste à support fugace.

Pour ce qui est des phases de l'exécution antérieures à la présentation, l'appartenance du cinéma aux techniques du geste a comme fondement les gestes montrés et les gestes du montreur, tels qu'ils sont simultanément effectués et enregistrés (ou d'abord effectués puis enregistrés quand il s'agit de dessin animé ordinaire) durant le tournage, avant d'être restitués durant la présentation.

Ce fondement fait défaut dans certaines formes de dessin animé, où le dessin est effectué d'une manière automatique sans l'intervention directe des gestes d'un dessinateur. Alors l'appartenance du cinéma aux techniques du geste se réduit, pour ce qui est de l'exécution, à la présentation, ainsi qu'à certaines phases précédant immédiatement l'enregistrement, comme celle du déclenchement manuel de l'automatisme.

Apparaissent également les fondements de l'appartenance du cinéma aux techniques de la trace. L'exécution ayant lieu, pour l'essentiel, avant la présentation, la mise en scène se caractérise par une prédominance globale de la stratégie de la trace et, par là même, de la préparation et de la préméditation. En témoigne notamment le fait que le spectateur n'exerce, dans la plupart des cas, aucune influence directe sur la part de l'exécution relevant du réalisateur (spectateur fantôme), à l'inverse de ce qui se produit dans les techniques du geste à support fugace. Sans doute le spectateur participe-t-il à la mise en scène, comme on l'a vu plus haut, par la manière dont il appréhende ce qu'on lui présente. Mais la part de l'exécution qui lui revient ainsi est postérieure à celle du réalisateur. Il procède à la finition de la mise en scène par les gestes de l'appréhension, cette finition s'effectuant sur un produit demi-fini qui est de l'ordre de la trace, bien qu'il paraisse appartenir à l'ordre du geste.

La prédominance globale de la stratégie de la trace dans l'ensemble de la mise en scène va de pair avec une priorité pramatique dévolue, au plan de l'exécution, à la stratégie du geste, et donc aussi à l'improvisation et à la spontanéité.

4. Scénario et mise en scène

Comme on l'a vu à propos des rapports d'opposition entre écriture et réalisation, préparation et exécution, le scénario figure parmi les textes proprement dits susceptibles d'être utilisés par le réalisateur durant les phases préparatoires, et parmi lesquels figurent également le synopsis, la continuité dialoguée, le découpage. Il a pour pendant la mise en scène dont il constitue, avec les autres textes de la préparation, le programme initial. Il s'oppose ainsi au programme complémentaire élaboré durant les phases d'exécution. Il n'est pas rare, toutefois, qu'un critique distingue la qualité du scénario de celle de la mise en scène, en se fondant seulement sur l'examen du film, le scénario n'étant pas nécessairement publié, lors de la sortie du film, par la presse spécialisée (23). On entend dans ce cas, par scénario, l'ensemble du programme, tel qu'il s'oppose à la mise en scène qui en constitue la seule expression accessible, et l'on déplore souvent que le film n'ait pu bénéficier d'une mise en scène plus conforme à l'esprit du scénario. Il s'agit plus précisément du sens du programme par opposition à la mise en scène qui peut éventuellement le trahir, sans pour autant le perdre, puisque c'est à partir d'elle qu'il est appréhendé.

Cependant il convient d'indiquer aussi qu'il n'est pas fait abstraction de ce sens quand on mentionne les textes préparatoires, comme nous l'avons fait plus haut, en allant du moins détaillé au plus détaillé (synopsis, scénario, continuité dialoguée, découpage). En effet, dans l'emploi courant de ces termes, le sens comprend non seulement les textes mais également leur teneur (c'est-à-dire le contenu exact qu'exprime le texte quand on le prend à la lettre), ainsi que le sens que l'on espère communiquer au spectateur. Autrement dit, chacun de ces termes renvoie au programme d'ensemble tel qu'il s'oppose à la mise en scène. Leur différence réside essentiellement dans le caractère plus ou moins détaillé de ce renvoi, et dans le fait que plus le texte est détaillé, plus les détails vont au-delà de l'exprimé et concernent la mise en scène, c'est-à-dire le montré et la manière de montrer. Cette mention de la mise en scène étant surtout sensible à partir de la continuité dialoguée, le scénario apparaît comme le texte le plus détaillé concernant principalement l'exprimé. Aussi est-il employé de préférence aux autres quand on veut dire en substance ce que le film exprime, sans pour autant rester dans le vague du synopsis (24).

Une telle opposition entre la mise en scène et le scénario tend à faire ressortir l'unité et la différence entre le montré et l'exprimé, notamment lorsque le film n'est pas écrit et réalisé par la même personne (25). En effet, dans cette occurrence, il y a division du travail entre le scénariste qui écrit le film, et le metteur en scène qui le réalise. Or, cette division est beaucoup plus nette sur le papier, ou dans les inscriptions formant le générique, au début ou à la fin du film, que dans la réalité de la préparation. C'est que le réalisateur peut intervenir, sinon dans la rédaction du synopsis et du scénario, qui concernent principalement le scénariste, du moins dans celle de la continuité dialoguée et, surtout, du découpage, qui le concernent plus directement (26). Inversement, le scénariste influence nécessairement la mise en scène, même lorsqu'il ne participe en aucune façon au tournage et au montage. Car les textes qui le concernent plus directement ne se distinguent qu'en degré de ceux qui intéressent davantage le réalisateur, comme on vient de l'indiquer, et comme on va le voir maintenant d'une façon plus précise.

Fondée sur une différence réelle, la division du travail entre scénariste et réalisateur ne peut revêtir, pour autant, un caractère absolu, en raison même de l'inséparabilité de la monstration et de l'expression, par la considération de laquelle nous avons commencé ce travail. Attentif à ce que le film est supposé exprimer, le scénariste choisit principalement le genre de faits et gestes dont l'interprétation peut conduire le spectateur à comprendre le sens du film. Attentif à ce que le film est supposé représenter dans l'ordre du concret perceptible, le réalisateur choisit les faits et gestes singuliers et les modes de représentation dont l'appréhension peut conduire le spectateur à prendre connaissance de l'univers sensible que le film porte à son attention (27).

Que dans les faits et gestes retenus par l'expression cinématographique le scénariste considère principalement le genre, et le réalisateur les singularités concrètes, témoigne clairement de ce que le premier est d'abord préoccupé par le sens et le second par le sensible. Mais, dans la pratique, ces deux attitudes sont beaucoup moins éloignées que lorsqu'on les confronte sur le plan théorique. Le scénariste peut notamment se trouver enclin à faire lui-même la mise en scène, suivant l'exemple des auteurs de mélodrame (28). Du moins peut-il être porté, dans certains cas, à descendre dans le détail des particularités concrètes du montré (29), et pour ce qui est de la manière de montrer, dans le détail de la stratégie microscénographique (30). Inversement, le réalisateur est amené à considérer le montré du point de vue du genre, quand cela est requis pour la mise en valeur des fils conducteurs principaux et, pour ce qui est de la manière de montrer, à considérer principalement l'articulation de la stratégie macroscénographique. Or, comme on l'a vu plus haut, le niveau macroscénographique se caractérise, dans tous les cas, par la prédominance globale de l'expression, si bien qu'à ce niveau, les attitudes du réalisateur et du scénariste sont beaucoup plus proches. Reste donc cette différence que le scénariste se préoccupe du détail du montré d'une manière très variable, tandis que le réalisateur doit toujours tenir compte de la construction de l'ensemble du film et, par là même, du plan macroscénographique où prédomine l'exprimé.

Si le scénariste ne prend pas en considération d'une manière continue le détail du montré, c'est que tous les détails ne sont pas également significatifs, qu'il s'agisse de leur teneur informative ou de leur charge symbolique (31). De ce fait, moins certains détails ont d'importance dans le propos général du film, plus le scénariste laisse le réalisateur s'en occuper tout seul et distribuer, par exemple, le sensible entre la représentation matérielle (montré) et la représentation indicielle (montrable suggéré). En revanche, le réalisateur ne peut privilégier les détails les plus significatifs au détriment des autres, car cela pourrait compromettre l'unité scénographique de l'ensemble du film et, plus particulièrement l'homogénéité de style. Tout au plus peut-il leur accorder une attention particulière pour être en mesure de satisfaire aux exigences du scénariste.

Ainsi peut-on dégager la raison pour laquelle, parmi les textes préparatoires, le synopsis et le scénario, qui intéressent plus particulièrement le scénariste, ne se distinguent qu'en degré de ceux par lesquels le réalisateur est plus directement concerné, c'est-à-dire la continuité dialoguée et le découpage. En effet, d'une part, si l'on passe du moins détaillé au plus détaillé de ces textes (synopsis, scénario, continuité dialoguée, découpage), il apparaît, comme on l'a vu plus haut, que plus le texte est détaillé, plus les mentions des détails vont au-delà de l'exprimé et concernent la mise en scène, c'est-à-dire le montré et la manière de montrer. D'autre part, dans les textes les moins détaillés, synopsis et scénario, les détails mentionnés concernent, comme on vient de le voir, les faits et gestes les plus significatifs du propos général du film. En somme, plus les textes préparatoires sont détaillés (continuité dialoguée, découpage), plus les détails mentionnés concernent le montré comme tel, et moins leur mention dépend de l'importance de l'exprimé.

En dehors de la lettre des textes préparatoires, l'attention que le scénariste porte aux détails les plus significatifs l'amène à rapporter au propos général du film les autres faits et gestes montrés. Les détails les plus significatifs constituant les temps forts, il convient en effet d'accorder quelque attention au traitement des temps morts et des temps faibles, ne serait-ce que pour empêcher que la résonance des temps forts ne soit troublée par un effet de diversion. Sans doute ce point concerne-t-il principalement le réalisateur. Mais il ne peut laisser pour autant le scénariste indifférent, du fait que la qualité du scénario est beaucoup plus souvent jugée à partir du film qu'à partir des textes préparatoires, une fois du moins le film terminé, comme on l'a vu plus haut.

L'examen du problème de la résonance des temps forts fait ressortir l'une des raisons qui fondent la prédominance globale de l'expression. Il s'agit de l'opposition entre le caractère instantané du montré et la plus ou moins longue persistance de l'exprimé dans l'esprit du spectateur. En effet, le montré peut seulement persister d'une manière indirecte, chez le spectateur, par l'expression dont il bénéficie grâce aux traces mémorielles, ou, plus exactement, grâce à la représentation quasi sensible que mémoire et imagination rendent possible en permettant son évocation. Mais il cesse alors de faire partie du montré proprement dit pour entrer dans la catégorie du montrable suggéré, qui est l'une des espèces de l'exprimé. Par là même, la question de la résonance des temps forts constitue l'un des points qui requièrent le plus l'attention conjointe du réalisateur et du scénariste, car il concerne la construction de l'ensemble du film.

Plus précisément, miser sur la résonance des temps forts est l'une des options caractérisant, au double plan cognitif et affectif, la sollicitation du spectateur, et qui peut exiger une coordination particulière des registres de préparation et d'exécution. En effet, avant l'exécution, les gestes montrés, tout comme ceux du montreur, peuvent faire l'objet d'une préparation qui varie notamment selon le rôle dévolu aux divers registres préparatoires homogènes et hétérogènes. Le choix et la mise en œuvre de ces registres préparatoires sont en partie déterminés par la fonction assignée aux registres d'exécution correspondants. Ainsi arrive-t-il, quand les personnes filmées sont, soit des acteurs non professionnels, soit des acteurs professionnels aimant improviser, que la préparation ne concerne pas les gestes montrés. Cela préserve la spontanéité, le film ayant pour but de mettre en valeur l'expression directe, c'est-à-dire corporelle, des émotions. Alors la préparation des gestes du montreur ne peut être poussée très loin, qu'il s'agisse des opérations de la prise de vues ou de la prise de son, car l'on ne peut connaître à l'avance le détail des réactions émotionnelles (32).

Inversement, le réalisateur peut chercher à suggérer l'émotion dont les personnes filmées sont susceptibles, en l'exprimant principalement d'une manière indirecte par la description approfondie de leur situation et de leurs faits et gestes. Dans ce cas, l'activité des personnes filmées peut être enregistrée à maintes reprises durant la préparation du film, la méthode des esquisses facilitant la découverte des formes de présentation plus suggestives.

Ces stratégies préparatoires se caractérisent, entre autres choses, par des équilibres différents entre techniques du geste et techniques de la trace. En effet, dans la première, prédomine la stratégie du geste, car le réalisateur privilégie, chez les personnes filmées, l'expression directe et non préparée des émotions, comme le firent Jean Rouch et Edgar Morin dans *Chronique d'un été* (1961). Au contraire, la stratégie de la trace prévaut dans la seconde, en raison du rôle qu'y jouent avant l'exécution les registres de préparation homogènes, c'est-à-dire les esquisses.

Toutefois, cette opposition est beaucoup moins nette si l'on tient compte : d'une part, de la préparation qui est souvent nécessaire pour réunir les conditions favorisant la plus grande spontanéité (33) ; d'autre part, des effets produits sur le spectateur. Par exemple, le réalisateur peut être amené à introduire, lors de l'exécution, dans la situation du tournage, un élément susceptible de susciter chez les personnes filmées de fortes émotions. C'est notamment le cas de Georges Clouzot, qui est allé jusqu'à gifler Cécile Aubry(*Manon*, 1949) et Brigitte Bardot (*La Vérité*, 1960) pour provoquer des larmes. Il s'agit alors de gestes spontanés chez les personnes filmées, mais provoqués par le réalisateur, la phase préparatoire se caractérisant par la préméditation qu'exigent le choix et la mise en scène de l'élément perturbateur.

Par là même, les manifestations corporelles en quoi consiste l'expression directe des émotions peuvent comporter des phases sollicitant très vivement le spectateur. La cinématographie retrouve ainsi une stratégie courante dans les techniques du geste à support fugace, telles qu'elles sont employées dans les sociétés de tradition orale, les spectacles impressionnants servant, parmi d'autres fonctions, à faciliter la constitution de traces mémorielles (34). Cette importance dévolue à la trace dans une mise en scène où prédomine la stratégie du geste est d'autant plus manifeste qu'il y a des moments paroxystiques fortement expressifs. Lorsque ces moments sont susceptibles de faire l'objet d'instantanés photographiques, le réalisateur peut changer ponctuellement de stratégie en présentant, durant quelque temps, un instantané filmé de tel ou tel de ces moments (35).

A l'inverse, une certaine importance peut être dévolue à la stratégie du geste dans une mise en scène principalement fondée sur la stratégie de la trace. Cet équilibre caractérise l'exemple opposé, où l'émotion s'exprime moins d'une manière directe, par des mouvements corporels qui sont ou non le fruit d'une provocation du réalisateur, que d'une manière indirecte, par la description détaillée de la situation où se développent faits et gestes. Comme on l'a vu plus haut, la stratégie de la trace prévaut alors d'autant plus qu'a été grand le rôle des registres de préparation homogènes, c'est-à-dire que les esquisses ont été nombreuses, comme lors du tournage de *Jeanne Dielmann* par Chantal Ackerman. Au plan de la présentation, le spectateur bénéficie de facilités d'examen qu'offre une trace longuement préparée et préméditée. Le spectateur bénéficie également de la liberté d'examen offerte par une description cinématographique approfondie (monstration suivie).

Sans doute cette liberté n'est jamais aussi grande que dans les techniques de la trace à manifestations statiques. Mais elle est moins limitée que dans une description cinématographique plus superficielle (monstration-tremplin ou monstration-prétexte), où la limitation est souvent aussi forte que dans les techniques du geste à support fugace, lorsque les manifestations fluentes sont particulièrement brèves ou rapides.

C'est notamment dans les cas de ce genre que se pose le problème de la résonance des temps forts. Dans une séquence formée de plans courts, dont chacun correspond à une amorce descriptive (monstration-tremplin ou monstration -prétexte), la résonance du temps fort caractérisant l'un de ces plans peut en effet se trouver compromise. Plus précisément, le risque de trouble est d'autant plus grand que l'on réduit les amorces descriptives au temps d'identification (monstration-tremplin). La raison en est que l'effort d'ordre perceptif et cognitif requis pour l'identification du contenu de ces brèves amorces peut brouiller la résonance dans l'ordre affectif. Aussi la construction de telles séquences exige-t-elle une longue préméditation, sinon lors de la rédaction des textes préparatoires, du moins lors du montage. Cette construction exige également l'attention conjointe du réalisateur et du scénariste, car les sentiments ne relèvent pas directement de la compétence du réalisateur, pour autant du moins qu'il est assisté d'un scénariste. Ils relèvent d'abord de la compétence du scénariste, en ce qu'ils font partie de l'exprimé non montrable, quand on les considère en eux-mêmes et non dans leurs manifestations extérieures.

Une attention du même ordre peut être requise lorsque la séquence comporte un seul et très long plan (plan-séquence) et que l'émotion est exprimée d'une manière indirecte, sans le concours de mouvements corporels

spontanés ou provoqués, par une description
cinématographique détaillée (monstration suivie). Dans ce
cas, le réalisateur peut se trouver dans l'obligation de
remplir conjointement, lors du tournage, les rôles de
scénariste, de metteur en scène et d'opérateur, et de pallier,
par la concentration d'esprit, la réduction de la préparation
mentale à la préméditation sur le tas. Il en fut ainsi pour
Claude Lelouch, au cours du tournage de *Un homme et une
femme* (1966) (36).

Au problème de la résonance des temps forts peut ici
faire pendant le problème inverse, que soulève l'absence de
contrastes d'une grande netteté entre des temps faibles et
des temps morts, comme c'est le cas dans la chronique de vie
quotidienne paysanne de *L'Arbre aux sabots* (Ermano Olmi,
1980). Il s'agit d'un problème posé par l'une des fonctions
qu'exerce la sollicitation cinématographique, au double
plan de l'attention et de l'affectivité, et que l'on peut appeler
fonction de stimulation, d'excitation ou même d'irritation. Il
convient en effet de maintenir le spectateur dans un état de
vigilance pour qu'il reste en mesure d'appréhender ce qu'on
lui montre et de suivre les méandres, souvent des plus
tortueux, qui peuvent caractériser l'expression
filmique (37). Pour ce qui est de l'endormissement, les
réalisateurs de films peuvent faire l'objet des plaisanteries
que s'attirent parfois les metteurs en scène d'opéra,
notamment de la part de cinéastes brocardant chez les
autres les défaillances qu'ils ressentent chez eux. Force est
toutefois de constater, toute plaisanterie mise à part, qu'il
s'agit de l'un des problèmes fondamentaux de la mise en
scène.

Ce problème mérite l'attention conjointe du réalisateur
et du scénariste du fait qu'il ne s'agit pas seulement, par
exemple, de la monotonie comme telle, mais des motifs
justifiant que l'on s'efforce de l'éviter ou d'en faciliter
l'acceptation chez le spectateur. Or ces motifs ne concernent
pas seulement le montré considéré en lui-même, mais
encore le sens qu'il peut revêtir, c'est-à-dire l'exprimé.

En effet, pour ce qui est de l'évitement de la monotonie, ce n'est pas sans raison que l'on parle "d'éveiller l'intérêt" et que Bergson a pu écrire : "dormir, c'est se désintéresser". Sans doute n'est-il pas inutile, dans certaines circonstances, de placer le spectateur, par une monotonie calculée, dans un état de très grande détente, même au risque de susciter quelques somnolence. Cela peut constituer une façon de faire entrer le spectateur dans l'ambiance où les personnes filmées se trouvent parfois, ou, pour le moins, sont supposées se trouver. Mais il convient, dans la plupart des cas, de susciter une détente qui demeure en deçà d'une telle extrémité (38).

Le problème devient relativement plus complexe lorsque la sollicitation du spectateur prend la forme accusée de l'irritation et que l'adoption de cette forme est régie par les normes du cinéma de fiction. On retrouve alors le motif caractérisant la stratégie appliquée par les sociétés de tradition orale, dans l'emploi des techniques du geste à support fugace, et que l'on a évoquée plus haut, à propos des spectacles impressionnants servant à faciliter la constitution des traces mémorielles. De ces normes découle en effet, entre autres choses, la règle selon laquelle les personnages doivent se heurter à des difficultés, aussi bien dans les comédies que dans les tragédies (39). Dans ce cas, l'attention conjointe du réalisateur et du scénariste est requise pour diverses raisons d'ordre cognitif et affectif (40). S'y trouve notamment concernée la relation étroite qu'établit le cinéma entre la dynamique de l'action, le prestige des normes et la profondeur de l'expression, et dont nous verrons d'autres exemples à propos des modes et des niveaux de la sollicitation du spectateur. Plus précisément, nous verrons comment l'unité du scénario et de la mise en scène peut être rapportée au double développement de l'intrigue et de la parade.

	MANIFESTATIONS STATIQUES	MANIFESTATIONS FLUENTES
SUPPORT PERSISTANT	TECHNIQUES DE LA TRACE : SCULPTURE PEINTURE PHOTOGRAPHIE ECRITURE	TECHNIQUES DE LA TRACE ET DU GESTE : PHONOGRAPHIE CINEMATOGRAPHIE
SUPPORT FUGACE	ECRITURE SUR LE SABLE	TECHNIQUES DU GESTE : MIME DANSE MUSIQUE RITES CEREMONIES CIRQUE THEATRE OPERA PAROLE

TABLEAU
DES TECHNIQUES DU GESTE ET DE LA TRACE

V. MODES ET NIVEAUX
DE LA SOLLICITATION DU SPECTATEUR

1. Exhibition et interpellation

D'une manière directe ou indirecte, et souvent très complexe, on retrouve l'opposition entre la stratégie du geste et la stratégie de la trace dans l'ensemble des modes et des niveaux de sollicitation caractérisant le cinéma.

Cela paraît tenir au fait que cette opposition, dont on a vu le jeu dans les formes d'élaboration du simulacre, est étroitement liée à l'opposition fondamentale entre la monstration et l'expression. On peut, en effet, considérer que le trait le plus caractéristique de l'expression, quand on l'oppose à la monstration, est l'importance de la durée, de la permanence et de la tradition. Plus précisément, ce trait réside dans le fait que l'expression suppose toujours chez le destinataire, pour être efficace, l'existence d'une trace mémorielle qui permet à celui-ci d'établir un lien entre ce qu'on lui présente et quelque chose qui deborde le montré. Inversement, on peut considérer que le trait le plus caractéristique de la monstration, quand on l'oppose à l'expression, est dans l'importance de l'instant, du changement et de l'innovation. La raison en est que la monstration, considérée en elle-même ou comme support de l'expression, comporte toujours des gestes créateurs de quelque nouveauté qui tient, pour le moins, aux circonstances dans lesquelles s'effectue la sollicitation du spectateur.

Cependant la sollicitation du spectateur ne procède pas seulement du jeu des contraintes et des options caractérisant la double stratégie de la monstration et de l'expression, telle que nous l'avons considérée jusqu'ici. Elle suppose également, qu'il s'agisse des activités montrées ou des activités de monstration, le respect, la transgression ou la modification de diverses normes. On débouche ainsi sur une perspective où monstration et expression apparaissent respectivement porteuses de la lettre qui maintient ces normes et de l'esprit qui les respecte, les transgresse ou les modifie. Il convient toutefois de nuancer une telle opposition comme on verra à propos de l'unité entre l'acte et la parole. En effet, si l'acte peut servir de parole, la parole proprement dite est une sorte d'acte. Il apparaît alors que la sollicitation cinématographique prend les formes de l'exhibition et de l'interpellation dans la mesure où elle est respectivement fondée sur la monstration des actes et sur l'expression du sens dont ils sont porteurs (41).

On peut ainsi, à chacun des niveaux de la sollicitation du spectateur, déterminer de quelle manière elle s'effectue conjointement sous le mode de l'exhibition et sous le mode de l'interpellation. A tous les niveaux l'exhibition suppose l'interpellation, car on ne montre rien sans marquer d'une façon ou d'une autre l'intention de le montrer, et l'intention est de l'ordre de l'exprimé non montrable. Inversement, à tous les niveaux, l'interpellation suppose l'exhibition, car on n'exprime rien sans montrer quelque chose. De même peut-on, pour ce qui est de l'unité du scénario et de la mise en scène, déterminer la manière dont la sollicitation du spectateur est subordonnée au double développement de l'intrigue et de la parade.

Dans la monstration suivie, caractérisée, comme on a vu plus haut, par l'équilibre entre la monstration et l'expression, l'interpellation revêt un caractère sensualiste, car l'accent est mis notamment sur l'interêt que présente le montré comme tel. Parallèlement, l'exhibition y revêt sa forme la plus intense, du fait que la monstration ne pâtit pas de la prédominance de l'expression. Ainsi peut-on citer une séquence du film déjà evoqué de Philippe Lourdou, *Kebo*, où l'on décrit dans le détail l'activité d'une femme étendue sur le côté, et qui berce un enfant couché près d'elle par une succession régulière de légères tapes sur les fesses. L'intrigue s'y réduit à la stratégie de la sollicitude maternelle et la parade à la simplicité des grâces d'état correspondantes.

Dans la monstration-tremplin, où la prédominance de l'expression atteint son point culminant, l'interpellation tend à revêtir l'aspect abstrait d'un jeu intellectuel, car l'accent est mis sur la signification des traits d'identification, des indices et des autres supports sémiologiques et non sur les supports considérés comme tels. Par là même, l'exhibition y revêt sa forme la moins intense, du moins pour ce qui est de la monstration des éléments considérés séparément, car elle s'effectue par des amorces descriptives n'excédant pas ou peu le temps d'identification. *Noblesse oblige*, film déjà cité de Robert Hamer, en est l'un des exemples les plus nets. L'intrigue criminelle s'y développe tout au long, le héros tuant l'un après l'autre tous les membres de sa famille qui le précèdent dans l'ordre de succession et parvient ainsi à hériter du titre de lord. La parade s'y trouve, pour l'essentiel, réduite aux temps forts des prévenances dont l'assassin entoure ses futures victimes pour parvenir à ses fins.

Dans la monstration-prétexte, la prédominance de l'expression est moins forte, car elle revêt un caractère moins ponctuel, du fait que les amorces descriptives vont au-delà du temps d'identification, les signes dont le montré est porteur étant moins privilegiés par rapport à leur support. Aussi, dans l'interpellation, une part plus grande est faite à l'ambiance, et par là-même aux sentiments. En effet, la forme plus diffuse que revêt l'interpellation va de pair avec la forme plus discrète donnée à l'exhibition. Par exemple, l'une des séquences du film de Howard Hawks, *Le Port de l'angoisse* (*To Have and have not*, 1944) met le spectateur dans l'ambiance très discrète mais très prenante qui émane des premières relations qui s'établissent entre les personnages joués par Humphrey Bogart et Lauren Bacall. Sous la banalité des évènements de la vie quotidienne et du flot de plaisanteries que l'on échange du tac au tac, s'accumulent peu à peu les indices par quoi se manifestent le piquant d'une volupté partagée et le trouble que suscite un amour naissant. A la succession rapide des faits et gestes s'oppose ainsi le rythme plus lent des manifestations les plus étroitement liées au développement de l'intrigue que permet d'amorcer la double parade de séduction.

Il convient de nuancer, de diverses manières, ce qui vient d'être dit sur les types de monstration. Par exemple, dans la monstration suivie, le caractère sensualiste de l'interpellation n'entraîne pas nécessairement que l'accent porte uniquement sur l'interêt que présente le montré comme tel. Bien au contraire, l'accent peut porter conjointement sur le montré et l'exprimé. Si l'exhibition y revêt sa forme la plus intense, il peut en aller de même pour l'interpellation. Cet équilibre constitue l'une des formes de la codominance par convergence que l'on a examinée plus haut. Il caractérise notamment les cas dans lesquels la mise en évidence de la relation entre le montré et l'exprimé non montrable dépend d'une manière très étroite de la mise en évidence du montré comme tel. Comme exemple d'une telle dépendance on peut citer une séquence du film de David Lowell Rich *Madame X* (1965), où l'héroïne, incarnée par Lana Turner, est présentée de face alors que, très gravement malade, elle refuse de révéler le nom de son fils au jeune avocat chargé de la défendre. Le principal objet de la mise en scène réside ici dans les sentiments qui animent les deux personnages. Pris d'affection pour sa cliente, le jeune homme ignore en effet qu'elle est sa mère. Cependant les relations sentimentales apparaissent, dans cet exemple, susceptibles de s'approfondir, dans l'éventualité où l'héroïne répondrait d'une manière positive aux sollicitations du jeune homme. De ce fait, les moindres faits et gestes de l'héroïne revêtent d'autant plus d'importance qu'ils expriment la joie qu'elle éprouve à tenir son fils dans ses bras et la tension qu'engendre sa ferme intention de ne pas avouer au jeune homme qu'il est le fils d'une mère indigne. Autrement dit, l'effet de suspense, créé par l'éventualité que fléchisse une telle détermination, n'a pas pour conséquence l'effacement du montré derrière les sentiments qu'il exprime, mais, bien au contraire, le renforcement de la mise en évidence dont le montré fait l'objet. A l'intérêt que suscite la complexité de l'intrigue fait ainsi pendant l'attention portée aux plus petits détails d'une parade ambigüe.

Dans les cas de ce genre le réalisateur s'efforce de privilégier l'expression créatrice de caractère symbolique. Cette expression se distingue par divers traits de l'expression des généralites abstraites par le signe arbitraire, que caractérise principalement la stabilité des codes et le respect de la lettre, et qui prédomine sous diverses formes dans la monstration-tremplin. Il s'agit, en effet, des transformations de l'ordre du mythe, telles qu'elles s'expriment dans certaines particularités du rite ou des aspects rituels de la vie quotidienne, par les innovations de la parole vivante et les créations gestuelles de l'esprit. Il s'agit du niveau où l'abstrait se réconcilie avec le concret, l'action avec la réflexion, la transcendance avec l'immanence (42). Il s'agit de ces moments privilégiés durant lesquels le raisonnement qui a présidé aux préparatifs du tournage s'efface derrière l'intuition fondant l'improvisation adéquate, où Jean Rouch considère que le réalisateur opère en état de grâce. On peut penser que l'exemple cité est loin d'une pareille élévation. C'est du moins l'avis du critique de Télé-journal (43). Cependant, quels que soient les jugements de valeur que l'on puisse porter sur ce film, force est de constater que l'interpellation privilégie l'ordre du mythe, car elle porte sur l'une des phases terminales d'un comportement rituel de purification (44).

L'étude des types de monstration permet ainsi de discerner ce qui fait la spécificité de la scénographie. En effet, comme on a vu précédemment, dans son étendue la plus large, l'objet de la scénographie peut être défini la manière de présenter, de se présenter et de se prêter à la présentation chez les êtres vivants. De ce fait, son but principal est de déterminer les rapports entre les lois de la disposition des manifestations sensibles, dans l'espace comme dans le temps, et le parti que les êtres vivants tirent de ces lois. Cependant, comme nous l'avons indiqué dès le début de ce texte, et comme on a pu s'en rendre compte tout au long, la monstration ne peut être séparée de l'expression, la mise en scène du scénario, l'exhibition de l'interpellation, la parade de l'intrigue. Aussi convient-il, quand on étudie les modes et les niveaux de la sollicitation du spectateur, de considérer les articulations des niveaux scénographiques et sémiologiques, de la manière requise pour comprendre la stratégie de la mise en scène. La définition des types de monstration en constitue un premier exemple, puisqu'ils se caractérisent, parmi d'autres traits, au niveau microscénographique, soit par la prédominance de la monstration (monstration en vrac) ou de l'expression (monstration-tremplin et monstration-prétexte), soit par l'importance de la prédominance de l'expression, qui atteint son plus haut niveau par la réduction de la monstration au temps d'identification (monstration-tremplin) et le plus faible lorsque la monstration excède ce temps (monstration-prétexte).

L'examen d'un second exemple d'articulation des niveaux scénographiques et sémiologiques vient d'être amorcé grâce à l'analyse des formes d'équilibre entre l'exhibition et l'interpellation, tout comme entre la parade et l'intrigue, dans les types de monstration.

La recherche de cet équilibre constitue, dans la stratégie de la mise en scène cinématographique, l'un des dosages les plus délicats. En effet, si dans l'expression écrite, comme on l'a vu plus haut, le montré tend à s'effacer très fortement derrière l'exprimé, il n'en va pas de même dans l'expression cinématographique. Par exemple, le réalisateur court toujours le risque, surtout lorsqu'il veut mettre l'accent sur le non montrable, que le montré comme tel n'accapare l'attention du spectateur. Autrement dit, l'interpellation peut beaucoup perdre de sa force lorsqu'elle est trahie par l'exhibition qui lui sert de support. Plus précisément, la parade peut être perturbée, et, de ce fait, l'intrigue brouillée, comme le montre l'exemple de Totò passant derrière Anna Magnani dans le film de Mario Monicelli *Risate di gioia* (1960), et se livrant à des pitreries qui attirent le regard du spectateur (45).

Cependant, pour comprendre la difficulté de ces dosages, il faut entrer plus avant dans l'étude des articulations des niveaux scénographiques et sémiologiques. Sans doute ne s'agit-il pas, dans le cadre d'un travail où la part de la sémiologie systématique a été relativement limitée, de considérer dans le détail de telles articulations. Mais il convient de rappeler certains points et d'analyser, à l'occasion de cette récapitulation partielle, certaines des formes d'équilibre entre l'interpellation et l'exhibition.

Les formes d'équilibre entre l'exhibition et l'interpellation varient selon que l'accent est mis sur tel ou tel des niveaux de ces deux modes de sollicitation. La complexité des dosages tient au fait que tous les niveaux sont toujours plus ou moins concernés, et que l'accent peut passer facilement d'un niveau à l'autre.

Outre le montré, qui constitue son niveau fondamental, l'exhibition comprend deux niveaux dérivés, qui se distinguent par des différences de nature et de degré au sein du niveau du montrable suggéré. Comme on a vu plus haut, à propos des perspectives macroscénographique et microscénographique, il s'agit en premier lieu du montrable immédiatement suggéré. C'est le montrable dont la suggestion s'effectue premièrement et principalement d'une manière directe à partir de certains éléments du montré, pris séparément ou reliés de proche en proche, secondairement et accessoirement d'une manière indirecte à partir de l'ensemble du montré et de l'exprimé correspondant. En second lieu, il s'agit du montrable indirectement suggéré, dont la suggestion présente les caractéristiques opposées. Par exemple, pour ce qui est des angles, à présenter de face une personne qui tient les mains derrière son dos, on suggère immédiatement, du moins de manière implicite, la position cachée des mains. En effet, chaque fois que l'on montre telle partie ou tel aspect d'un volume articulé, la valeur expressive du montré joue en faveur de ses membres non montrés, pour autant du moins qu'on le présente d'une façon permettant la reconnaissance du type général dont il fait partie. Cependant cette suggestion peut être complétée par celle des particularités que revêt l'histoire de l'être montré. Il s'agit de la suggestion indirecte, fondée sur le souvenir des phases précédentes de l'action. Ainsi le spectateur peut-il comprendre, en voyant la séquence du film de Jean Grémillon, *L'Etrange Monsieur Victor* (1938), que le héros, venant de tuer un homme, cache derrière son dos sa main ensanglantée, pour éviter que sa mère n'aperçoive cette marque du crime.

Parmi les niveaux de l'interpellation, figurent en premier lieu ceux qui correspondent à ceux de l'exhibition. Il s'agit des niveaux de l'icône et de l'indice. Ils forment respectivement le pendant des niveaux du montré et du montrable suggéré.

Le niveau de l'icône se caractérise par la ressemblance. Dans l'appréhension directe, il s'agit de la représentation mentale accompagnant la reconnaissance, ou, plus exactement, la recognition du type général auquel appartient l'objet montré (46). Dans l'appréhension cinématographique, il s'agit de la représentation matérielle artificielle, telle qu'elle est porteuse de traits d'identification ressemblant à ceux qui permettent la reconnaissance des êtres de ce type dans l'appréhension directe (47). Il s'agit plus précisément, comme on a vu plus haut, d'une représentation matérielle artificielle fondée sur la reproduction mécanique et non sur la figuration (48). L'un des exemples les plus impressionnants, relaté par André Gay, fut la reconnaissance des effets du vent, lors de la projection organisée le 11 juillet 1895, dans les salons de la *Revue générale des Sciences,* du film des frères Lumière, *Le Forgeron* (1895) (49).

Le niveau de l'indice se caractérise, comme on l'a vu plus haut, par le rapport nécessaire ou contingent qu'il permet d'établir, dans le temps, entre les phases d'une action, dans l'espace, entre les aspects ou parties d'un agent ou d'un groupe d'agents. Il se distingue du niveau de l'icône par le rapport d'extériorité qui sépare, partes extra partes, ces divers éléments, et qui fonde la possibilité de montrer les uns, de masquer ou d'estomper les autres. Par là même, l'indice se distingue du trait d'identification en ce que le second concerne le montré dont il assure la reconnaissance directe, tandis que le premier porte sur le montrable suggéré dont il assure la reconnaissance indirecte. Il peut s'agir aussi bien du montrable non actuellement montré, du montrable montré mais plus ou moins estompé, que du montrable que l'on montre à côté du montré qui lui sert d'indice, renforçant ainsi sa présence. De cette triple possibilité témoigne successivement l'un des plans du film de Luchino Visconti, *Senso* (1953). Dans la partie droite de l'écran, la mieux éclairée, est montrée la Comtesse Serpieri. Assise sur son lit, la tête orientée vers la gauche, elle parle à voix basse au lieutenent Mahler. Un certain temps s'avère nécessaire pour que ressortent dans la partie gauche, derrière la gaze du baldaquin, les contours de l'uniforme blanc (50).

En deuxième lieu figurent, parmi les niveaux de l'interpellation, les niveaux sémiologiques auxquels correspond, dans l'ordre scénographique, le non montrable, et pour lesquels il n'existe pas de niveau d'exhibition correspondant, la catégorie scénographique du non montrable se définissant, comme son nom l'indïque, d'une façon négative.

D'une part, il s'agit du signe arbitraire, principalement caractérisé, comme on l'a vu plus haut, par la stabilité des codes, le respect de la lettre et la tendance à l'intellectualité pure. Plus précisément, il s'agit de l'expression conservatrice d'ordre mythique (accumulation), dogmatique (régulation), normatif, utilitaire, administratif, etc. La cinématographie en présente de multiples formes. Certaines constituent, pour l'essentiel, la simple transposition filmique de tel ou tel signe existant en dehors du cinéma. C'est notamment le cas des signaux du code de la route dont le déplacement constitue le ressort comique ou dramatique de certains films, comme en témoigne l'un des épisodes de la série télévisuelle britannique *Chapeau melon et bottes de cuir*, réalisée par Sidney Hayers, et dont l'intrigue se développe autour d'un rallye automobile ("La chasse au trésor", 1978). En revanche, d'autres signes sont spécifiquement cinématographiques, tels que la table servie, que suit immédiatement, dans le plan suivant, la même table portant les reliefs du repas, exemple déjà cité et tiré du film de George Farrel *Sapho, ou la fureur d'aimer* (51).

D'autre part, il s'agit du symbole, principalement caractérisé par les inventions de la parole vivante, la valeur accordée aux innovations de l'action exemplaire, l'historicité des singularités concrètes, la tendance à réunir les sentiments et les idées dans une harmonie spirituelle. La séquence déjà citée du film de Howard Hawks, *Le Port de l'angoisse*, nous paraît en constituer l'un des exemples les plus intéressants, à cause de la retenue caractérisant la double parade de séduction qui se développe entre les personnages. Faisant pendant à l'intrigue qui s'ébauche spontanément, cette parade se manifeste par une très discrète succession d'indices. Elle tend par là même, sinon à s'abolir, du moins à s'estomper, pour mettre en valeur ce qui constitue l'essentiel dans l'expression symbolique, c'est-à-dire "ce qu'une œuvre laisse voir sans en faire parade" selon le mot de Peirce cité par Erwin Panofsky, et témoignant du principe de retenue ("en montrer moins pour en exprimer plus") (52).

La monstration ne peut prédominer qu'au niveau microscénographique, comme on a vu plus haut à propos de la monstration en vrac, et non au niveau macroscénographique, où elle se caractérise seulement par la priorité pragmatique qui lui est accordée nécessairement dans la stratégie du réalisateur. De ce fait, l'accent ne peut être mis d'une manière exclusive et continue sur le montré comme tel. En effet, à mettre l'accent continuellement sur le montré, on le met aussi, à certains moments pour le moins, sur les raisons d'une telle insistance, et, par là même, sur les niveaux de l'exprimé non montrable. C'est le cas dans le film déjà cité de Werner Nekes, *T-Wo-Men*, que nous avons donné comme exemple de monstration en vrac. Au niveau microscénographique, la monstration prédomine en raison même de la déficience voulue de l'expression, c'est-à-dire en raison de l'absence d'un fil conducteur reliant clairement de proche en proche les phases du procès filmé. En revanche, au niveau macroscénographique, la prédominance globale de l'expression est encore plus importante, d'une manière négative il est vrai, que dans les films de fiction réaliste ou documentaires. Que cette déficience soit ou non approuvée par le spectateur ne change d'ailleurs rien à l'affaire. En effet, l'approbation découle du principe qui fonde cette option scénographique, et selon lequel le réalisateur doit s'efforcer, sinon d'abolir le sens, du moins de le mettre en question (53). C'est dire que le problème du sens est considéré en permanence. Quant à la désapprobation, elle maintient le spectateur centré sur ce problème, pour autant du moins qu'il respecte le rite filmique (54) et demeure assis dans la salle de projection ou devant son poste de télévision, comme on verra plus loin. En somme la prédominance de la monstration au plan microscénographique s'accompagne d'une interpellation d'autant plus forte que l'exhibition est embrouillée, ces aspects de la sollicitation du spectateur ayant respectivement pour pendant, au plan de la relation entre le scénario et la mise en scène, une intrigue problématique et une parade déroutante.

Cependant, le montré bénéficie d'une présence positive permanente, même si les manifestations du procès filmé sont remplacées par des plans neutres, privés de sons et colorés d'une manière uniforme, comme les plans que l'on substitue, en France, aux intermèdes publicitaires des films télévisuels d'outre-atlantique.

Il en va presque de même pour le montrable immédiatement suggéré à partir du montré. Excepté dans les plans neutres, sa présence est aussi positive et aussi continue que celle du montré. En effet, la présentation fragmentaire du montré se trouve constamment compensée grâce à l'expression du sensible non montré par lequel il est susceptible d'être complété, comme on l'a vu à propos du cycliste cerné à mi-hauteur sur un fond de ciel uni. De ce fait, qu'il s'agisse de l'exhibition ou de l'interpellation, de la parade ou de l'intrigue, le montré et le montrable immédiatement suggéré sont seulement susceptibles d'estompage, comme on verra plus loin.

Cette présence positive, permanente ou quasi permanente du montré et du montrable immédiatement suggéré, a pour pendant la présence continuelle mais pas nécessairement positive des autres niveaux. Il peut s'agir aussi bien des divers niveaux du non montrable que du montrable indirectement suggéré par l'expression dont le non montrable est l'objet. C'est, en effet, sur la présense de l'exprimé, considérée en elle-même, et non sur le caractère positif ou négatif qu'elle peut revêtir, qu'est fondée la prédominance globale de l'expression dans la mise en scène cinématographique, comme on a vu à propos du problème du sens dans la monstration en vrac.

Toutefois, le caractère positif ou négatif que revêt la présence du montrable indirectement suggéré et du non montrable, est de la plus haute importance pour la détermination de l'équilibre entre l'exhibition et l'interpellation. La raison en est que le caractère plus ou moins négatif de cette présence constitue l'un des facteurs grâce auxquels l'accent peut être mis sur le montré et sur le montrable immédiatement suggéré. Une telle négativité est fonction du brouillage du sens, qu'il s'agisse de la monstration en vrac, caracterisée, comme on l'a vu, par l'absence de fil conducteur principal reliant de proche en proche les éléments montrés ou des autres formes de monstration, lorsque ce fil apparaît moins nettement. C'est le cas des films de Pierre Desquine , tels que *Thomas chez les M'bororo*, déjà cité. En effet, ces films sont centrés sur des personnes dont le réalisateur suit les faits et gestes d'une manière très décousue. Il s'agit d'une sorte de flânerie d'observateur dilettante qui porte essentiellement sur l'ambiance qui émane des faubourgs de N'Djamena et des activités de quelques marginaux. Comme le fil conducteur principal n'est pas constitué par les activités, ni par les lieux, mais par les personnes, ressort très nettement l'ensemble des caractéristiques sensibles d'ordre physique et culturel qui détermine leur allure ou, si l'on veut, leur dégaine. C'est dire qu'au plan microscénographique l'exhibition l'emporte nettement sur l'interpellation, et la parade sur l'intrigue. En revanche, au plan macroscénographique, si l'intrigue reste des plus floues, l'interpellation est très prenante, quoique très diffuse, puisqu'elle est principalement fondée sur l'ambiance. En somme, à la forte présence du montré et du montrable immédiatement suggéré fait pendant le rayonnement des éléments pseudo-sensibles, qui semblent émaner directement du montré, tels que la grâce africaine, mais qui tiennent leur charme du lien qui les rattache au non montrable.

Si le montré et le montrable immédiatement suggéré, principaux niveaux de l'exhibition, bénéficient d'une présence positive permanente ou quasi permanente, ils peuvent, en revanche, subir un estompage considérable dans le cas où l'accent est mis très fortement sur les autres niveaux de l'exhibition et de l'interpellation. Cela se produit notamment lorsque l'essentiel de l'action se déroule hors-champ, comme c'est le cas de la célèbre séquence de lutte à

mort du film d'Ewald André Dupont, *Variétés* (1925) (55).
En effet, dans cette séquence, ce n'est pas sur le meurtre
comme tel, qu'il s'agisse du montré ou du montrable
suggéré, que le réalisateur met l'accent, mais sur la haine
féroce, en elle-même non montrable, dont il est la
conséquence. Autrement dit, l'interpellation prend le pas
sur l'exhibition et l'intrigue sur la parade.

A la possibilité de cet estompage du montré et du
montrahle immédiatement suggéré font pendant les
inconvénients que revêt, pour les autres niveaux, le fait que
leur présence n'est jamais directe, mais toujours
dépendante de celle du montré qui en permet la
manifestation. Sans doute le montré est-il susceptible d'un
estompage très fort. Mais il suffit qu'un élément secondaire
vienne détourner un instant l'attention du spectateur pour
que l'on risque de rompre le charme de cette présence
indirecte et faire ressortir le montré dans l'opacité de ses
caractéristiques propres. Ainsi, dans la transmission
télévisuelle du premier discours que François Mitterrand a
prononcé à l'Elysée, l'attention des téléspectateurs s'est-elle
trouvée, durant de brefs moments, détournée des thèmes
qu'abordait le nouveau président de la République. Cela
provenait des mouvements de tête de l'un des membres de
l'assistance, placé à l'arrière-plan, face aux téléspectateurs,
le regard fixé tantôt hors-champ, tantôt sur un papier qu'il
tenait dans la main. Il s'agissait probablement de l'un des
fonctionnaires chargés du protocole, car il paraissait occupé
à repérer dans l'assistance les personnes figurant sur la
liste des invités (Reportage de la télévision française, 21
mai 1981). Pour dégager les raisons qui déterminent les
décrochages de ce genre, il convient cependant de revenir
sur certaines des caractéristiques du montré et de l'exprimé.

En effet, l'étude des formes d'équilibre entre l'exhibition
et l'interpellation, la parade et l'intrigue, permet de mieux
comprendre le fondement de la différence et de l'unité de la
monstration et de l'expression, tout comme l'articulation
des niveaux scénographiques et sémiologiques.

Par exemple, c'est dans le cas où l'intrigue est la plus floue que la parade peut tendre à se réduire à ses composantes. Il s'agit, sinon des composantes purement sensorielles, du moins des composantes perceptives, c'est-à-dire de la manifestation des traits d'identification et des indices qui permettent respectivement la reconnaissance du montré et du montrable immédiatement suggéré. Dans ce cas, les caractéristiques du montré que le réalisateur peut mettre le mieux en évidence sont celles dont la manifestation bénéficie le plus de l'estompage du montrable indirectement suggéré et du non montrable. Plus précisément, les caractéristiques du montré qui peuvent alors ressortir le plus sont celles par lesquelles le montré s'oppose aux niveaux superieurs de l'exprimé, c'est-à-dire aux niveaux du signe arbitraire et du symbole. C'est à la mise en évidence d'une telle opposition qu'aboutit Pierre Desquine dans *Thomas chez les M'bororo* déjà cité. En effet, l'intrigue tient son flou de ce que le fil conducteur principal n'est constitué, on l'a vu, ni par les activités ni par les lieux mais par les personnes dont on suit les faits et gestes d'une manière très décousue. Sans doute y a-t-il des symboles très puissants, comme celui qui résulte du contraste, fortement souligné par le réalisateur, entre la magnifique musculature de Thomas le sportif et le corps menu et contrefait de son camarade. Cependant les symboles de ce genre ne donnent lieu au développement d'aucune intrigue suivie. Tout juste remarque-t-on, entre les deux compères, l'échange de sourires de connivence. Il reste, il est vrai, que l'on ne peut affirmer pour autant que le réalisateur, qui fait également office de scénariste, transgresse la règle, évoquée plus haut, selon laquelle les personnages doivent se heurter à des difficultés pour que le film présente quelque intérêt. La raison en est que cette règle est indirectement respectée grâce au transfert des difficultés de ce type au spectateur, qui s'efforce de pallier par l'imagination les déficiences de l'intrigue. Ainsi, en fin de compte, le réalisateur parvient-il, du fait même qu'il ne récompense jamais cet effort, à centrer, en fin plasticien, le spectateur sur le montré, tout en le consolant par l'intensité de l'interpellation. Fondée sur l'ambiance, celle-ci est en effet d'autant plus prenante que le mystère demeure et que le flou de l'intrigue est compensé par la somptuosité de l'exhibition et de la parade.

Tout aussi complexes sont les manières dont l'accent peut être mis sur les niveaux les plus éloignés du montré, c'est-à-dire sur les niveaux sémiologiques du signe arbitraire et du symbole, auxquelles correspond le niveau scénographique du non montrable. Cela suppose, en effet, l'estompage du montré et du montrable immédiatement suggéré, principaux niveaux de l'exhibition. Cela suppose également que soit facilitée la fonction de support du signe arbitraire et du symbole dévolue à certains des constituants du montré. Cependant, entre l'estompage du montré et la facilitation de ce rôle, il n'y a pas nécessairement d'opposition. Qui plus est, l'estompage relatif du montré constitue l'une des conditions requises pour l'exercice de son rôle de support. C'est seulement lorsqu'un élément secondaire du montré vient compliquer le jeu que peut se produire le décrochage évoqué plus haut. De ce risque est particulièrement significatif l'exemple, déjà cité, du tournage des plans dans lesquels jouent ensemble Anna Magnani et Totò. Cela provient de ce que le jeu de l'actrice porte essentiellement sur le non montrable et sur le montrable indirectement suggéré, c'est-à-dire sur les niveaux dont l'expression soulève les problèmes les plus délicats. En effet, l'intrigue est d'autant plus brouillée qu'un élément secondaire vient perturber la parade. Inversement, plus l'intrigue est brouillée, plus la parade est perturbée, sinon dans son développement, du moins dans la manière dont le spectateur l'appréhende. C'est que l'unité de la parade et de l'intrigue est si forte que la saisie du détail de la première dépend très étroitement de l'intelligence des finesses de la seconde.

Plus généralement le risque de décrochage constitue l'un des points de stratégie dont l'examen est le plus suggestif pour l'étude des modes d'équilibre entre l'exhibition et l'interpellation. Selon les cas, le réalisateur s'efforce d'éviter le décrochage ou cherche au contraire à le provoquer, comme on verra en examinant quelques formes du dédoublement conjoint de l'exhibition et de l'interpellation.

2. Engagement ludique et engagement réel

Parmi les normes dont l'observance permet d'éviter, ou, du moins, de limiter les risques de décrochage, figurent les normes ludiques procédant du caractère fictif que revêt la monstration cinématographique.

En effet, c'est à partir de traces fixes, inscrites sur un support chimique ou magnétique, et momentanément projetées sur l'écran, que le spectateur appréhende les manifestations mobiles ou statiques, et plus ou moins persistantes, des procès filmés. Cette simulation fondamentale est le produit d'une sollicitation particulière des mécanismes perceptifs, qui fait de l'appréhension filmique une forme spécifique de l'appréhension du sensible. Assurant le passage de la discontinuité des traces projetées à la continuité des manifestations appréhendées, elle est la base des formes de simulation particulières aux divers genres de film. C'est ainsi que le réalisateur, en présentant les manifestations visuelles et sonores des activités réelles (film documentaire) ou fictives (film de fiction) dont se composent les procès filmés, présente par là même les traits d'identification et les indices qui jalonnent le développement de ce procès.

La spécificité de l'appréhension filmique apparaît nettement quand on considère la forme particulière que prend, en cinématographie, le rapport entre le spectateur et le procès appréhendé. En effet, les manifestations durables et continues que le spectateur appréhende ne sont pas, comme dans le rêve, le produit d'une élaboration essentiellement imaginative, l'appréhension ayant comme fondement extérieur immédiat un flux de traces discontinues et momentanées. Elles ne sont pas davantage, comme dans l'expérience sensible directe, le résultat d'une appréhension réelle, in praesentia, le spectateur étant sollicité par ce flux de traces, et non par les agents du procès présenté. Elles sont la conséquence de l'emploi d'un appareillage qui rend possible une forme d'appréhension spécifique, mi-réelle, mi-fictive. Cette appréhension doit son caractère fictif au fait que les agents du procès présenté sont remplacés par leurs traces phonographiques et photographiques. Il s'agit néanmoins d'une appréhension réelle, portant sur les traces et non sur les agents du procès présenté, tout en donnant partiellement l'illusion de porter sur les agents. Autrement dit, c'est sur l'illusion partielle que cette appréhension porte sur les agents, qu'est fondée l'impression de réalité suscitée par le spectacle filmique.

Sur ce point, la stratégie du réalisateur a pour objet d'augmenter ou de diminuer la portée des dispositions qui font entrer spontanément le spectateur dans le jeu de la simulation filmique. Respectant les normes relatives au degré de l'illusion, ou encore les trangressant, ce qui revient à respecter les normes de telle ou telle cinématographie non conformiste, le réalisateur joue sur les marques de l'artifice, dont il accentue ou atténue les effets. Il en va de même pour le spectateur, chez qui l'appréhension plus ou moins continue des marques de l'artifice donne à l'illusion un caractère partiel ; si bien que l'attention spontanément accordée au procès filmé suffit pour l'engager dans le jeu filmique, mais pas nécessairement pour l'y maintenir en permanence. Encore faut-il, en effet, pour assurer un tel maintien, ou pour que soit prise, au contraire, la distance nécessaire à la compréhension des films non conformistes, que le spectateur contribue lui-même, soit à renforcer, soit à affaiblir son engagement spontané dans le jeu de la simulation.

Une telle contribution consiste, pour le spectateur, à respecter des normes qui font pendant à celles que le réalisateur est tenu d'observer. Il s'agit de normes ludiques dont le spectateur tient compte en observant, comme dans tout jeu, l'impératif qui exige le respect d'une partie des règles de la vie quotidienne à l'exclusion des autres. En cinématographie, ces règles de la vie quotidienne sont celles dont l'appréhension directe requiert l'observance dans les conditions qui déterminent ordinairement l'expérience sensible immédiate.

Certaines de ces règles de l'appréhension directe sont appliquées, mutatis mutandis, à l'appréhension filmique. C'est, par exemple, le cas de la règle qui autorise, dans la vie pratique, moyennant certaines précautions, l'anticipation des phases futures de l'action, du fait qu'elle facilite la compréhension et l'exécution de la phase actuelle. La différence se limite ici, pour l'essentiel, au fait que l'anticipation est destinée à faciliter la compréhension, mais non l'exécution, le spectateur ne pouvant exercer aucune influence sur le développement du procès présenté.

En revanche, d'autres règles de l'appréhension directe ne peuvent s'appliquer à l'appréhension filmique, ou du moins, leur application peut-elle seulement être amorcée, l'appréhension des marques de l'artifice maintenant cette application à l'état d'une simple ébauche. C'est ce qu'il advient à la règle qui autorise, en cas de danger ou de malheur, le développement des sentiments de crainte ou de pitié dans une proportion suffisante pour qu'ils favorisent l'adoption de mesures de protection ou d'assistance. Dans l'application de cette règle à l'appréhension filmique, l'émotion est assez forte pour permettre le développement de tels sentiments, mais l'appréhension des marques de l'artifice entraîne leur purgation (catharsis) en faisant apparaître l'impossibilité qu'ils débouchent sur un engagement du spectateur dans le développement de l'action (56).

Toutefois, si la simulation cinématographique exclut la possibilité d'un engagement réel et immédiat dans le procès filmé, l'engagement sur les plans cognitif et affectif est réduit sans être pour autant supprimé par la purgation. Autrement dit, le réalisateur peut maintenir le spectateur dans un engagement simulé mais non purement fictif ni purement ludique. En effet, cet engagement conduit toujours quelque peu le spectateur, même au-delà du temps du spectacle, à prendre en compte de façon plus ou moins lucide, au plan de l'exhibition comme à celui de l'interpellation, le lien qui rattache le procès filmé à la réalité non filmique.

Sans doute s'agit-il seulement d'un jeu de signes. S'effectuant sous les formes sémiologiques de l'icône, pour ce qui est du montré, et de l'indice, pour ce qui est du montrable suggéré, l'exhibition filmique n'a pas de fonction utilitaire immédiate, comme les icônes et les signaux composant la signalisation routière. Il en va de même pour les diverses formes d'interpellation que cette exhibition permet, car il faut que le spectateur cesse de considérer le spectacle ou qu'il en attende la fin pour aller par exemple s'inscrire à l'organisation dont la propagande cinématographique vient de le convaincre. Il s'agit cependant d'un jeu de signes qui s'ouvre toujours quelque peu sur la réalité et dans lequel le spectateur se laisse toujours prendre en quelque façon, positive ou négative. De cette emprise qui s'amorce, les réactions d'ordre cognitif et affectif suscitées par le spectacle sont en partie le symptôme, comme on va le voir à propos de certaines formes d'interpellation fondées sur le jeu filmique.

Si la simulation cinématographique est ainsi privée de toute fonction utilitaire immédiate autre que la détente physique et morale, la fonction différée qui lui est assignée peut prendre de multiples formes. Ainsi ne revêt-elle pas nécessairement, du moins pour ce qui est des raffinements sublimes, la forme des trois fonctions complémentaires dont la culture, entendue au sens traditionnel, est supposée faciliter l'exercice : développer le goût, aiguiser l'intelligence, élever les sentiments. Cependant, le jeu auquel le spectateur se laisse prendre va aussi bien au-delà de ce qui est nécessaire à la détente immédiate que des formes rudimentaires de l'animation culturelle. Il est vrai que les réactions d'ordre cognitif et affectif que le spectacle suscite peuvent se réduire pour l'essentiel à la résurgence des stéréotypes culturels les plus communs, qu'accrédite par là même une régénérescence que certains déplorent. En témoignent notamment les controverses qui suivent les projections, qu'il s'agisse des discussions de ciné-club ou des débats télévisés. Mais la vigueur de telles controverses ne témoigne pas seulement de la permanence des mentalités. Elle témoigne également des points souvent mineurs, mais jamais négligeables, sur lesquels les mentalités se transforment. Sous les apparences souvent futiles du jeu de la simulation filmique et du jeu des mondanités culturelles, se développent des confrontations beaucoup plus sérieuses.

En effet, lors des projections, comme durant les débats, la partie qui se déroule porte notamment sur l'exemplarité des activités filmées. Il s'agit d'une part, comme on a vu plus haut, de l'attitude du spectateur très pressé de conclure à la vérité ou à la fausseté de la mise en scène selon que le montré peut être considéré ou non comme un échantillon représentatif du genre de réalité auquel il appartient. Mais il s'agit également, et, semble-t-il, surtout, de la question de savoir si le montré peut être considéré comme un échantillon exemplaire de ce qu'il convient de faire ou de ne pas faire, l'interpellation revêtant respectivement la forme d'une louange ou d'un blâme. Autrement dit, sous les apparences du jeu est posée la très sérieuse question du pouvoir créateur du signe.

C'est ainsi que le film de Marcel Carné *Les Tricheurs* (1958), a soulevé de vives controverses sur les raisons qui permettaient de considérer l'histoire fictive mise en scène comme significative de la jeunesse de l'époque et sur les dangers d'offrir à cette jeunesse un exemple aussi controversé. Il en est allé de même pour le film de Claude Autant-Lara, *Le Blé en herbe* (1954), inspiré du roman de Colette et réalisé à une époque où l'on commençait à utiliser le cinéma pour prôner le libéralisme en matière de sexualité. Les mœurs, comme les mentalités, ont en partie changé depuis que l'on a reproché à ce film de contribuer à la promotion publicitaire d'une romancière dont on redoutait les pouvoirs. Elle avait, en effet, su tirer parti des ressources de l'expression littéraire pour encourager ce libéralisme et faire mention, par exemple, de "ces plaisirs qu'on nomme à la légère physiques" (57). La télévision a permis d'apprécier sur certains points l'importance du changement, le 30 mars 1981, lors du débat suivant la projection du film de Georges Lautner, *On aura tout vu* (1976), et consacré, comme le film, aux problèmes de tous ordres que pose le développement du film pornographique.

Par exemple, le débat a témoigné d'une plus grande tolérance entre partisans et adversaires du libéralisme. D'autre part, il a permis de soulever le problème scénographique de l'équilibre entre exhibition et interpellation, à propos de l'opposition entre la valeur suggestive du film érotique et le prosaïsme du film pornographique. Toutefois la discussion n'a pu atteindre la sérénité suffisante pour que l'un des participants fasse mention de la manière dont les réalisateurs de films pornographiques tiennent compte de l'opposition entre la suggestion et le dévoilement. Il s'agit notamment d'un procédé qui est aussi employé pour le baiser prolongé, et qui consiste à utiliser la musique pour centrer le spectateur sur le sens de ce rite sentimental, en détournant l'attention de l'agencement des activités corporelles qui le constituent. Dans les films pornographiques une telle fonction est en partie dévolue aux manifestations vocales, verbales ou non verbales de la jouissance, dont l'amplification permet d'estomper le caractère machinal du déroulement des activités sexuelles et d'exprimer certaines des significations qu'elles véhiculent.

C'est dans les formes de mise en scène où l'exhibition et l'interpellation tendent vers le paroxysme que les réactions d'ordre cognitif et affectif, suscitées par le pouvoir créateur du signe, temoignent le plus nettement de l'emprise que ce pouvoir exerce sur le spectateur, tel qu'il se laisse prendre au jeu de la simulation cinématographique. Il s'agit toutefois d'un symptôme plus difficile à observer dans le cas des adultes que dans celui des enfants, chez qui l'exultation que provoque le spectacle témoigne d'une participation très intense. Aussi faut-il, pour les adultes, considérer surtout les réactions post festum telles qu'elles se manifestent durant les débats suivant les projections.

Dans ces débats, l'un des traits du symptôme est que les premièrres interventions portent fréquemment sur les questions de morale soulevées par le film. Bien au-delà des réalités que le film met en scène, les participants centrent leur attention, d'un côté sur l'univers dont ces réalités font partie, de l'autre sur les principes moraux qui leur paraissent inspirer les activités montrées ou évoquées.

Il s'agit de l'activité des personnes filmées, dont on approuve ou désapprouve la conduite. Il s'agit aussi, comme on vient de le voir, des activités du réalisateur, qui est loué ou blâmé selon qu'il a su ou non choisir un échantillon représentatif de l'univers concerné et constituant un exemple de ce qu'il convient de faire ou de ne pas faire dans la vie. Cependant, comme l'attention est centrée sur l'univers de référence et sur les principes moraux, l'exhibition s'efface sous l'interpellation qu'elle a permise. Peu importe alors ce que l'on a vu et entendu. L'essentiel consiste dans la valeur de ce que chacun pense et dans le résultat de la confrontation. C'est l'une des raisons pour lesquelles le mérite que l'on reconnaît le plus volontiers au cinéma, quand on l'utilise aux fins de l'animation culturelle et de l'animation sociale, est qu'il permet, comme on dit, de "chauffer le public". Aussi les films les plus appréciés sont-ils ceux qui "chauffent" le mieux, quel que soit par ailleurs l'intérêt qu'ils présentent quand on les considère en eux-mêmes (58).

Il arrive toutefois que l'on s'éloigne trop des réalités particulières montrées par le film. De ce fait, durant les phases suivantes de la discussion, certains participants mentionnent d'une façon plus précise, non seulement ces réalités mais encore les modalités de leur mise en scène. On rencontre alors des difficultés de l'ordre de celles que soulèvent les débats qui ont lieu entre cinéastes, lors des phases de préparation et d'exécution. On demeure en effet centré sur ce qui constitue l'essentiel du débat et qui déborde largement le montré et la manière de montrer.

Sans doute arrive-t-il que le débat conduise, dans certains cas, à projeter de nouveau telle ou telle des séquences mentionnées. Il apparaît de ce fait, en partie grâce au parallèle entre les types d'évocation durant les débats et les types de monstration caractérisant la mise en scène, que la discussion peut passer de l'évocation-tremplin à l'évocation-prétexte, puis à l'évocation suivie, où des projections viennent à l'appui des arguments. Mais dans ces nouvelles projections, l'équilibre entre l'exhibition et l'interpellation se trouve modifié, les discussions jouant le rôle d'un commentaire ajouté qui privilégie l'interpellation. Autrement dit, un tel procédé réduit seulement la mesure dans laquelle, l'exhibition s'effaçant derrière l'interpellation, l'exprimé l'emporte sur le montré.

Ainsi paradoxalement, bien que le cinéma mette en œuvre un jeu de signes toujours quelque peu ouvert sur le réel, les réactions cognitives et affectives du spectateur se traduisent, durant les débats suivant les projections, par une réticence à considérer dans le détail les réalités particulières présentées par le réalisateur. Toutefois, il faut tenir compte également de la difficulté de parler de ce qui n'appartient qu'indirectement à l'ordre de la parole. Aussi convient-il d'examiner certains des problèmes que soulève l'expression filmique non verbale, comme nous allons le voir en reprenant notamment, à propos des normes rituelles, la question de l'estompage des marques de l'artifice.

3. Normes rituelles

Parmi les conséquences de la simulation contrainte de l'appréhension directe et de l'expression verbale par l'expression filmique non verbale, figurent l'inévitable manifestation du caractère artificiel de l'appréhension filmique et les normes conventionnelles dont l'observance permet d'estomper les marques de l'artifice. Comme on l'a vu à propos des normes ludiques, respecter de telles conventions consiste à utiliser les procédés de monstration et d'expression de manière à détourner de ces marques l'attention du spectateur. Le réalisateur évite ainsi que le spectateur ne perde le fil de l'action et que ne se dissipe un moment l'impression de réalité que suscite le spectacle cinématographique. Inversement, la transgression consiste à faire ressortir très nettement ces marques, ce qui permet notamment d'amener le spectateur à prendre une certaine distance par rapport aux procès filmés, et de lui faire adopter une attitude réflexive.

D'autre part, quelle que soit la mesure dans laquelle les normes sont respectées ou transgressées, le réalisateur doit également tenir compte du fait que la réflexion n'est pas nécessairement la caractéristique dominante de l'attitude spontanée du spectateur. La raison en est que son attention est subordonnée à des contraintes qui l'empêchent de se concentrer sur les marques de l'artifice. En effet, le spectateur est d'autant plus porté à entrer dans le jeu de la simulation filmique, et d'autant plus inattentif au détail des marques de l'artifice, que les activités présentées, ainsi que les activités de présentation, s'enchaînent d'une façon relativement rapide, analogue à celle qui caractérise fréquemment l'appréhension directe. Il est vrai que cette disposition ne revêt jamais le caractère irrépressible des mécanismes perceptifs qui permettent le passage de la discontinuité des traces projetées à la continuité des manifestations appréhendées. En outre, le spectateur est amené, par divers facteurs, à percevoir, quel que soit le degré de l'illusion, les marques de l'artifice d'une manière plus ou moins continue. Libéré de la double nécessité de se mouvoir lui-même dans l'univers de l'action et d'en affronter les agents, il échappe aux contraintes de l'action et de l'exploration qui empêchent, dans l'appréhension directe, l'examen des détails de descendre au-delà du nécessaire. Toutefois, en l'absence d'un très fort soulignement des marques de l'artifice, rien ne l'incline à pousser un tel examen jusqu'à prendre le risque de perdre le fil de l'action, pour peu qu'il attache quelque interêt à ce qu'on lui présente sur l'écran.

Parmi les normes concernant les marques de l'artifice, figurent celles qui sont à l'origine des précautions que doit prendre le réalisateur quand il présente des activités soumises à des normes rituelles qui régissent les modalités de leur présentation dans l'apprehénsion directe, c'est-à-dire dans les circonstances ordinaires de leur exercice. La nécessité de telles précautions apparaît nettement, par contraste, dans le cas où le réalisateur transgresse volontairement ces normes non filmiques. C'est ce qu'il advient, par exemple, quand le réalisateur reproduit une représentation théâtrale en faisant occuper au spectateur la position du souffleur. A cette distance, le visage des acteurs n'offre pas l'aspect sous lequel il est montré pour être appréhendé par le destinataire du spectacle, c'est-à-dire par le spectateur de théâtre. La norme rituelle non filmique subit une sorte de transgression, car le détail du maquillage apparaît nettement, alors qu'il doit être caché au destinataire, ou du moins, se trouver estompé, grâce à la distance.

L'importance de ces précautions dans la mise en scène a pour pendant, sur le plan théorique, le fait qu'elles constituent l'un des aspects de la cinématographie qui inclinent le plus fortement à rapporter la stratégie du réalisateur à certaines catégories des sciences sociales. Son étude conduit, en effet, vers une perspective où l'appréhension filmique apparaît comme le résultat de l'inclusion d'un spectacle dans un spectacle et, plus précisément, d'un rite dans un rite. Cela tient à ce que tout rite se caractérise, on l'a vu, par l'opposition qu'il introduit entre les aspects qu'il convient de montrer au destinataire et ceux qu'il convient de cacher ou du moins d'estomper. Les premiers constituent la scène rituelle. Les seconds constituent les coulisses, terme par lequel il faut entendre tout ce que l'on ne doit pas laisser appréhender au destinataire, sous peine de manquer ou d'altérer l'effet rituel. Ainsi le maquillage de ville se distingue du maquillage de théâtre en ce que le visage doit pouvoir être présenté de près au destinataire sans que son attention ne soit trop attirée par l'artifice. Un maquillage trop visible aurait pour conséquence de brouiller l'opposition entre scène et coulisses, et constituerait donc une obscénité, au double sens étymologique et usuel du terme.

On peut donner comme exemple de prise en compte simultanée des normes du rite filmé et du rite filmique les cas déjà cités dans lesquels le réalisateur présente un baiser prolongé, et qu'il utilise la musique pour centrer le spectateur sur la signification de ce rite sentimental, en détournant l'attention de l'agencement des activités corporelles qui le constituent. Cette précaution témoigne à la fois des difficultés que rencontre le réalisateur dans les domaines de la monstration (simulation de l'automonstration caractéristique de l'appréhension directe) et de l'expression (simulation, par une linéarisation partielle de l'expression filmique non verbale, de la linéarité de l'expression verbale). Cela vient de ce que l'absence de musique peut avoir pour conséquence d'attirer l'attention du spectateur sur l'artificialité de la monstration filmique et d'engendrer des malentendus sur le propos du film. Sans musique, en effet, prédominent les activités corporelles fortement soulignées dans l'image, ce qui peut attirer l'attention du spectateur sur la très forte marque de l'artifice constituée par sa position de voyeur, le rite filmique transgressant d'une manière très ostensible les normes du rite filmé. Quant au propos du film, l'absence de musique peut susciter une focalisation de l'attention tout à fait contraire à l'intention du réalisateur. Il s'agit de permettre au spectateur d'adopter un point de vue analogue à celui des personnages, que l'on suppose centrés sur la résonance intérieure de leurs activités corporelles et non sur les détails extérieurs de leur fonctionnement. Constitue l'expression la plus couramment choisie d'un tel propos un fil conducteur musical se détachant sur un fond d'activités corporelles. Privilégiant l'intériorité en estompant l'extériorité, cette expression résulte d'une linéarisation partielle qui permet de réduire l'attention portée aux faits et gestes montrés par l'image, au profit de l'évocation musicale des sentiments.

Au respect des normes rituelles, qui a notamment pour fonction de privilégier certaines formes de linéarisation évitant les malentendus sur le propos du film, fait pendant la transgression qui a pour objet de renforcer l'ambiguïté de l'expression filmique non verbale. Le film peut alors sembler ne correspondre à aucun propos cohérent, hormis peut-être celui qui conduit le réalisateur à essayer d'éviter, d'une manière plus ou moins systématique, toute forme de cohérence. Une telle transgression des normes de la simulation réaliste (cinématographie documentaire ou de fiction classique) est l'une des manifestations du respect des normes de certaines formes de la cinématographie non conformiste. Elle est susceptible d'aboutir à un jeu essentiellement formel. Le spectateur peut, en effet, s'attacher à suivre la manière dont s'articulent les opérations par lesquelles se manifeste l'évitement de la cohérence ; ou se borner à respecter, quand il demeure perplexe sans pour autant quitter la salle de projection, cette norme commune à tous les genres, en vertu de laquelle il doit prêter toute son attention à ce qu'on lui présente sur l'écran.

D'autre part, la transgression des normes de la simulation réaliste met en évidence, par contraste, ce qui fait la spécificité sociale de la simulation filmique. En effet, la simulation de l'appréhension directe est très réduite dans les formes non réalistes et, plus particulièrement, dans les formes "non figuratives" de la cinématographie, la transgression des normes faisant apparaître nettement le caractère artificiel de la monstration filmique. En revanche, l'artifice fait l'objet d'un estompage plus ou moins fort dans les formes réalistes. La raison en est que l'établissement de la relation sociale de monstratien entre le réalisateur (montreur) et le spectateur (destinataire de la monstration) s'effectue, pour une part notable, sous les apparences d'une relation individuelle ressemblant aux apparences de la relation qu'établit, dans l'appréhension directe, la personne avec son milieu proche. Plus précisément, il s'agit, comme on l'a vu précédemment, d'une relation sociale de monstration et de communication à sens unique, qui se manifeste par l'intermédiaire de la relation individuelle qu'établit le réalisateur entre le spectateur et le milieu filmé.

De ce fait, dans la mesure où l'artifice estompe la relation sociale, cette relation individuelle artificielle peut simuler conjointement les deux relations individuelles d'automonstration et d'autocommunication caractéristiques de l'appréhension directe. Dans la première, la personne offre, par certains gestes, à sa propre activité sensorielle, les manifestations des êtres présents dans son milieu. Par la seconde s'effectue le rattachement de l'apparent à l'inapparent passé, futur ou présent mais caché. Simulant ces deux relations, la mise en scène cinématographique met les spectateurs dans une situation dont ils peuvent difficilement parler durant les débats suivant les projections, comme on a vu plus haut à propos de l'engagement ludique. Il est vrai que l'expression filmique non verbale simule l'expression verbale en même temps que l'appréhension directe. Mais il résulte de cette double simulation, comme nous allons le voir, une situation dans laquelle acte et parole sont étroitement liés sans pour autant se confondre.

4. Acte et parole

L'un des principaux caractères qui fondent la spécificité de la mise en scène cinématographique est le dédoublement conjoint de l'exhibition et de l'interpellation. Ce dédoublement découle de la nature même de la simulation cinématographique, qui rend possible une monstration dans laquelle montreur, montré et destinataire sont des agents distincts. En effet, le spectateur s'y trouve sollicité, aux plans de la monstration (exhibition) et de l'expression (interpellation), et par le réalisateur, et par les êtres que le réalisateur porte à son attention.

Il est vrai que le réalisateur ne se montre pas toujours lui-même dans le film et qu'il ne s'y exprime pas toujours directement, si ce n'est dans le générique D'une part, l'automonstration directe (monstration de soi à autrui) est relativement rare,qu'elle soit nettement soulignée comme celle de Jean Rouch et d'Edgar Morin dans *Chronique d'un été*, ou très estompée, comme celle d'Alfred Hitchcock dans la plupart de ses films. D'autre part, l'expression directe qui revêt, par exemple, la forme d'un commentaire oral accompagnant les images ou d'un commentaire écrit les précédant, est beaucoup plus fréquente, bien qu'elle ne tende à constituer un trait universel que dans le cas du film documentaire.

Cependant la caractéristique fondamentale des formes de monstration dans lesquelles montreur et montré sont des agents distincts est que le montreur se montre au moins par la manière dont le montré est mis en scène. S'exprimant par la même voie, il fait ainsi figure de montrable suggéré dans l'ordre de la monstration et de sensible indiqué dans l'ordre de l'expression.

De ce fait, que le réalisateur s'exprime ou ne s'exprime pas, d'une manière directe, dans un commentaire, par la parole, qu'il se montre ou ne se montre pas, son activité de montreur revêt une valeur expressive, exerçant ainsi, comme toute activité, une fonction de parole. Or il en va de même pour les personnes filmées lorsqu'elles s'expriment seulement par les faits et gestes. Autrement dit, le double rapport d'opposition et d'unité entre l'acte et la parole constitue l'une des formes sous lesquelles se manifeste le plus nettement le jeu de l'exhibition et de l'interpellation quand on considère le dédoublement de ces deux fonctions dans la mise en scène cinématographique. Sans doute, l'interpellation par les actes n'a-t-elle pas tout à fait la même vertu de parole que l'interpellation par la parole proprement dite. Mais cette vertu s'accroît, dans la mise en scène cinématographique, grâce au partage des fonctions d'exhibition et d'interpellation entre le réalisateur et les personnes filmées. En effet, le réalisateur se manifeste, pour le moins, de façon indirecte, à la fois par ce qu'il montre et par la manière dont il le montre, comme un montreur caché Par là même, plus le spectateur y pense, moins l'activité du réalisateur et celle des personnes filmées se trouvent confinées dans l'immédiateté de leur exhibition, et plus le spectateur peut être enclin à s'interroger sur les intentions, c'est-à-dire sur l'un des fondements de l'interpellation. Ainsi, l'acte cinématographique, tel qu'il est commis conjointement par le réalisateur et les personnes filmées, tend-il à se caractériser, même lorsqu'il ne fait aucune place à la parole proprement dite, par une vertu de parole fondant la transcendance dont toute parole est porteuse.

Cette fonction de parole peut être partagée entre les actes et la parole proprement dite. Il arrive même, dans le cinéma documentaire, que le jeu de l'acte et de la parole constitue à la fois le principal ressort de la sollicitation du spectateur et celui qui anime la vie des personnes filmées. C'est, en effet, ce que met en évidence le film de Jean-Louis Le Tacon, *Cochon qui s'en dédit* (1980), consacré aux activités quotidiennes d'un porcher breton. Dans le film, l'exhibition détaillée d'activités dont la vue est souvent difficile à supporter va de pair avec une interpellation fondée sur le commentaire que fait le porcher lui-même, reprenant, pour le cinéaste, le commentaire intérieur qui l'a conduit depuis à changer de métier.

Que l'expression cinématographique soit seulement confiée aux actes ou qu'elle soit partagée avec la parole proprement dite n'introduit pas une différence fondamentale dans la difficulté qu'éprouvent à parler les spectateurs durant les débats suivant les projections. Cette difficulté n'est pas amoindrie pour un film où prédomine, par le commentaire ou les dialogues, la parole proprement dite. Elle demeure entière, en raison notamment de ce qui est exprimé par les actes, et dont fait partie, dans la parole proprement dite, ce qui n'est pas de l'ordre de la lettre et de la trace, mais de l'ordre du geste. Relève plus précisément de l'ordre de la lettre et de la trace ce que l'on peut transposer par écrit. Relève au contraire, de l'ordre du geste, ce qui s'épuise dans l'immédiateté de son effectuation. Il s'agit de ce que l'on peut seulement montrer, soit d'une manière directe, soit d'une manière indirecte, par la reproduction, c'est-à-dire par la représentation matérielle mécanique, en utilisant la phonographie ou la cinématographie. En font partie les intonations, le rythme, le timbre et les autres constituants de la vocalité (59), à quoi s'ajoutent, quand l'orateur est visuellement montré, les mimiques faciales et les autres mouvements corporels sous-tendant l'énonciation.

Que la difficulté ne se trouve pas diminuée dans un film où prédomine la parole proprement dite n'entraîne pas nécessairement qu'elle soit insurmontable sur tous les points. L'une des fonctions traditionnelles de la parole proprement dite n'est-elle pas d'élucider et de préciser le sens que revêt l'acte, dans la mesure, jamais nulle, où il sert lui-même de parole ? Sans doute la tradition enseigne-t-elle que le sens est inépuisable et qu'il ne peut faire l'objet, dans l'ordre de la lettre, qu'il s'agisse de l'acte ou de la parole, d'une élucidation et d'une précision exhaustives. Mais la tradition enseigne aussi que le sens apparaît plus clairement à celui qui le cherche avec le secours de la lettre (60). C'est donc seulement par des méthodes d'élucidation progressive et de précision croissante qu'il est possible d'avancer dans la compréhension de l'expression filmique non verbale, ou verbale mais non littérale (vocalité), et dans la connaissance des mécanismes de son fonctionnement. Il convient cependant de distinguer, sans pour autant les séparer, les méthodes caractérisées par la stratégie de la trace, où prédominent la démarche discursive et le respect de la lettre ; et les méthodes caractérisées par la stratégie du geste, où prévaut la saisie intuitive de l'expression conjointe des idées et des sentiments. Des premières, on a vu, par exemple, le parti que l'on peut tirer de la typologie des monstrations pour l'intelligence des stratégies du réalisateur, ou du tableau des techniques du geste et de la trace pour la détermination de la spécificité du cinéma. Pour les secondes, l'examen s'est limité jusqu'ici à certains des motifs qui fondent leur intérêt. C'est qu'il s'agit de démarches dont la fécondité est d'autant plus grande qu'on les adopte avec retenue, prudence et circonspection, l'audace concernant davantage l'élaboration des méthodes que les modalités de leur mise en œuvre. En effet, le chercheur se trouve, comme tous les spectateurs durant les débats qui suivent les projections, confronté à la difficulté de parler pertinemment du film en tenant compte de ses réactions spontanées d'ordre cognitif et affectif. C'est ainsi que nous examinerons notamment, lors de travaux ultérieurs, la manière dont le réalisateur peut solliciter conjointement, chez le spectateur, le cœur et la raison, en jouant sur les contrastes rythmiques que permet l'alternance entre la monstration-tremplin, la monstration-prétexte et la monstration suivie. Il est cependant déjà possible de dégager certains principes de méthode.

On peut mentionner en premier lieu, parmi les principes de méthode, ceux qui relèvent davantage de la méthodologie des attitudes que de la méthodologie des procédés. Ils découlent en effet d'un principe général dont on trouve l'une des meilleures formulations dans le théâtre latin. Il s'agit du fameux vers de la pièce de Térence Heautontimoroumenos (*Le Bourreau de soi-même*) : "Homo sum : humani nihil a me alienum puto" (Je suis homme et rien d'humain ne m'est étranger) (61). Dans ses pages roses, le petit dictionnaire Larousse indique qu'il exprime le sentiment de la solidarité humaine, et Karl Marx en avait fait sa devise. Si diverses que soient les interprétations de ce vers, elles ont en commun, dans l'ordre cognitif, la prise en compte de l'intérêt que revêt toute activité humaine. Sans doute, cette prise en compte suppose-t-elle dans l'ordre affectif, le risque de quelque souffrance. C'est du moins l'éventualité impliquée, sinon peut-être par le masochisme, du moins par l'humanisme de méthode que Térence semble prôner quand on rapproche le vers du titre grec de la pièce. Quoi qu'il en soit dans la pensée de Térence, les deux ordres cognitif et affectif sont bien liés de cette manière dans le cas des films suscitant, par leur forme ou leur contenu, des réactions négatives. A s'en tenir au seul ordre cognitif, on ne peut contester la position d'Henri Langlois, fondateur de la Cinémathèque française, qui acceptait pour les archives tous les films sans exception. Mais on est ensuite amené à tenir compte également de l'ordre affectif, si l'on veut avancer dans l'interprétation et prendre pour cela quelque recul vis-à-vis des engouements comme des réticences.

Cela ne veut pas dire qu'il faille nécessairement changer d'attitude et retirer l'assentiment que l'on a initialement donné aux réactions spontanées. Il convient en effet d'appliquer à soi-même l'humanisme méthodo-logique, et même de respecter, comme on verra plus loin, son propre mystère. Il s'agit seulement d'élargir son point de vue en respectant les positions que paraît exprimer le réalisateur par le film, tout comme celles que prennent les autres chercheurs pendant les discussions qui suivent les projections. Plus précisément, il s'agit d'adopter une attitude analogue à celle qui a paru nécessaire, pour la méthodologie des sciences humaines, à des auteurs cemme Droysel, Dilthey, Max Weber et Karl Jaspers (62).

De telles précautions sont rendues nécessaires par le fait que l'affectivité joue un rôle important dans la manière dont le réalisateur peut déterminer l'appréhension du sensible, par l'exhibition, et celle du sens, par l'interpellation. En effet, comme on a vu plus haut, la sollicitation dont le spectateur fait l'objet l'entraîne dans un engagement simulé mais non purement fictif ni purement ludique, car il résulte d'un jeu de signes toujours quelque peu ouvert sur la réalité. Cependant, on peut se demander, devant les réactions, soit très hostiles, soit très favorables, de certains spectateurs, si la sollicitation cinématographique ne tient pas cette forte emprise du fait même qu'elle s'apparente, malgré les marques de l'artifice, à l'emprise qu'a sur l'homme le sensible comme tel.

Autrement dit, pour le spectateur, se laisser prendre de façon spontanée à un jeu de signes fictif et ludique, mais ouvert sur la réalité, ce serait se laisser prendre au jeu de la vie humaine telle qu'elle est mise en scène par la culture. Ce serait, comme dans la vie ordinaire, persister dans l'attitude d'acceptation d'un monde sensible foncièrement ambigu, car il porte à la fois la marque de l'extériorité naturelle et celle de l'intériorité humaine intersubjective. Ce serait persister dans l'attitude que ne peuvent adopter les enfants que l'on appelle autistiques, car ils demeurent renfermés sur eux-mêmes, en partie, semble-t-il, par manque d'amour. A celui qui risque de souffrir parce que rien d'humain ne lui est étranger ferait ainsi pendant celui qui souffre parce qu'il est demeuré en partie étranger à l'humain. A celui qui devient le bourreau de soi-même par altruisme ferait pendant celui qui le reste par autisme.

La vérification d'une telle hypothèse n'est pas directement du ressort de la scénographie et de la stratégie du cinéma. Toutefois, elle les concerne toutes deux d'une manière immédiate, car il s'agit de leurs fondements. Cette hypothèse comporte en effet l'idée que le sensible est d'emblée mis en scène par la culture au moment même où s'établissent, dans l'ordre ontogénétique, les premières relations d'ordre affectif et cognitif entre l'enfant et son environnement, qu'il s'agisse du milieu physique ou de l'entourage humain. Dans cette perspective ressortirait donc une des raisons pour lesquelles on ne peut séparer, comme on a vu tout au long de ce travail, le montré de l'exprimé, l'exhibition de l'interpellation. Portant la marque de l'extériorité naturelle, mais également celle de l'intériorité humaine intersubjective, le montré y apparaît comme la partie matériellement représentée de l'exprimé, comme l'aspect physique sensible de la représentation. Inversement, dans cette perspective, l'exprimé apparaît comme l'aspect mental non sensible de la représentation, sans pour autant se réduire à de pures abstractions, car il comprend non seulement les éléments quasi sensibles de la mémoire et de l'imagination, mais encore les éléments

pseudo-sensibles qui semblent émaner du montré, tels que
la grâce et la disgrâce, la laideur et la beauté. Ainsi
comprend-on beaucoup mieux, par exemple, pourquoi l'on
observe, chez certains spectateurs, une très forte propension
à considérer comme très laides les apparences montrées,
tout comme les façons dont on les met en scène, lorsque leur
déplaît la signification globale de l'ensemble. De même
comprend-on beaucoup mieux que l'on ne puisse faire
abstraction de l'affectivité dans l'étude de l'équilibre entre
l'exhibition et l'interpellation. Qu'il s'agisse du plaisir ou de
la peine, de la douleur ou de la joie, de la haine ou de
l'amour, la dimension affective est inséparable de la
dimension cognitive, tant dans l'appréhension du montré
que dans celle de l'exprimé.

Il convient cependant, pour aborder les principes de la
méthodologie des procédés, de ne pas considérer seulement
l'inséparabilité des dimensions affective et cognitive du
point de vue de la première, mais également du point de vue
de la seconde. Il est vrai qu'il s'agit de méthodes dans
lesquelles prévaut, comme on l'a vu plus haut, la saisie
intuitive de l'expression conjointe des idées et des
sentiments. Mais prévaloir ne signifie pas dominer sans
partage. Il faut donc faire la part des méthodes fondées sur
la démarche discursive et le respect de la lettre. Sans doute,
l'idée même de méthode et, plus encore, l'idée de procédure
méthodique, peut susciter de très grandes réticences, quand
on pense à un domaine qui semble être rebelle à l'analyse et
constituer l'apanage exclusif des notions floues.

Toutefois, la méthodologie des procédés dispose de
ressources diverses. Par exemple, la saisie intuitive de
l'expression conjointe des idées et des sentiments peut être
précédée, comme dans la procédure examinée plus haut
pour le tournage improvisé, non pas d'une préméditation,
mais d'une préparation ayant pour objet de réunir les
conditions les plus favorables. C'est une méthode de ce
genre qui a été conçue par Anne-Marie Pessis pour l'étude
de l'ambiance. Il s'agit, en effet, d'une manifestation globale
qui émane du milieu et qui apparaît le plus nettement

lorsque l'observateur vient d'un autre milieu. Aussi convient-il de ménager, entre les diverses observations, qu'il s'agisse de l'appréhension directe ou de l'appréhension filmique, des intervalles suffisants pour retrouver l'ambiance dans sa plus grande vivacité (63).

Il reste, il est vrai, la difficulté de connaître pour l'expression filmique non verbale, ou verbale mais non littérale (vocalité), l'équivalent de ce qu'est la lettre pour l'expression écrite, la versification et les formules toutes faites pour l'expression orale. En effet, l'interrogation des réalisateurs et des opérateurs ne permet pas d'accéder, dans le détail et d'une manière directe, au langage interieur et aux schémas sensori-moteurs qui régissent leurs activités. Il en va de même pour l'activité réceptrice du spectateur. Force est donc de s'en tenir à la lettre fragmentaire fournie par cette interrogation ou par l'analyse immanente du film telle qu'elle est notamment pratiquée par la sémiologie du cinéma (64).

Mais force est aussi de constater que la lettre est toujours fragmentaire non seulement dans le cinéma mais encore dans l'expresssion écrite. En effet, si, dans le cinéma, le sens fait problème, à cause du mystère des activités montrées et des activités de monstration dans l'expression écrite, c'est à cause des activités mentionnées et des activités d'énonciation. Il en va de même pour toute parole, dans la mesure où toute parole est un acte dont le sens échappe en partie à l'agent, comme à tous ceux qui en sont les témoins. On peut trouver à cela des raisons d'ordre religieux ou philosophique, comme le suggèrent la notion de mystère et les autres notions léguées par la tradition. Mais ces raisons ne diffèrent pas fondamentalement, dans l'ordre cognitif, de la raison que peuvent indiquer les sciences positives. Il s'agit de la loi, chaque jour vérifiée par les sciences humaines, selon laquelle le champ de l'activité pratique déborde toujours le champ de l'activité mentale, consciente ou inconsciente.

Cependant toute activité pratique tend à faire reculer, par moments, les limites dans lesquelles se trouve confinée

l'activité mentale, qu'il s'agisse de l'exploration du monde
sensible ou de l'interpretation du sens dont il est porteur. De
ce fait le réalisateur, le spectateur et le chercheur se
trouvent tous trois logés à l'enseigne du temps et, par là
même, dans le domaine de la méthode. Ainsi convient-il de
respecter son propre mystère et le mystère d'autrui, car il
faut, pour le moins, prendre son temps, et même prendre le
risque de le perdre, si l'on veut que le mystère se laisse
pénétrer. C'est dire que la saisie intuitive des idées et des
sentiments ne s'effectue pas toujours d'un seul coup et
qu'elle peut bénéficier de la progression lente mais précise
de la pensée discursive. Pour le réalisateur, il s'agit, comme
on l'a vu plus haut, du cheminement plus ou moins long
qu'exige la mise en œuvre des registres préparatoires. Pour
le spectateur, il peut s'agir seulement de la résonance
intérieure plus ou moins profonde que produit le spectacle,
et des réflexions qu'elle peut susciter. Pour le chercheur, il
s'agit du va-et-vient parfois très laborieux entre les notions
floues qui sous-tendent l'intuition et les notions plus
précises que l'analyse permet d'élaborer.

Pour ce qui est de la mise en scène, ce va-et-vient ne
permet, en aucun cas, d'établir d'une manière définitive ce
que montre un film. De même ne dissipe-t-il jamais tout à
fait, pour ce qui est du scénario, l'impression que la logique
de l'intrigue est inextricable. Mais ce qui fait le charme du
cinéma, comme de toute expression, est qu'il s'agit d'une
réalité inépuisable. Il tient en effet sa valeur culturelle de la
multiplicité des lectures dont il est susceptible et de
l'approfondissement continuel où se trouve engagé tout
essai d'interprétation.

CONCLUSION

L'un des traits qui marquent le plus nettement le rôle du progrès technique dans l'évolution de la culture est l'influence du cinéma. Permettant la représentation matérielle des activités sensibles, le cinéma transforme, en effet, les rapports établis entre l'action et la pensée. Il modifie l'équilibre entre l'observation directe de l'action, sa description symbolique, d'ordre verbal ou mathématique, et son observation différée. Le champ de l'observation différée n'est plus l'apanage des représentations matérielles statiques, comme la peinture ou la photographie. Il devient aussi le domaine des procédés de reproduction mécanique, tels que phonographie et cinématographie. Caractérisés par une représentation matérielle à support persistant, déroulement réversible et manifestations fluentes, ces procédés constituent, par le dernier trait, des techniques du geste, tout comme l'ensemble que formaient, dans la tradition, les arts du temps. C'est ainsi que radio, cinéma et télévision ne sont pas seulement des facteurs dégradant le patrimoine spirituel véhiculé par tradition orale et culture écrite. On doit tenir compte, en effet, des compensations. Il s'agit aussi bien des films ethnographiques sur les rites des peuples de tradition orale, de la diffusion radiophonique ou télévisuelle des débats, des conférences, des cérémonies religieuses ou laïques, du théâtre, de la musique et de l'opéra, que de la reproduction télévisuelle ou cinématographique du cirque, du mime et de la danse.

Cependant, phonographie et cinématographie présentent, dans la plupart de leurs emplois, l'inconvénient majeur caractérisant les techniques de la trace, qu'il s'agisse de l'écriture ou de l'ensemble que formaient traditionnellement les arts de l'espace. Elles privent leur destinataire, auditeur ou spectateur, de la présence vivante du destinateur, comme écriture, sculpture, peinture et photographie. De ce fait, le cinéma peut bien représenter matériellement des activités sensibles ; mais le spectateur ne saurait, pour autant, se trouver en mesure d'y participer directement. Il reste toutefois que le spectateur est mis en posture de les considérer d'une manière propice à la participation différée. Montrant des activités sensibles, offertes dans le flux de leur déroulement, le cinéma apparaît en effet comme l'une des formes les plus troublantes du pouvoir actif du signe. S'il est privé de la participation directe, le spectateur est en revanche enclin à considérer les activités montrées comme des manières d'agir qu'il convient ou non d'imiter. Sans doute ne peut-il les considérer tout à loisir, comme dans le cas des techniques traditionnelles de la trace,qui se caractérisent par le libre examen. A supposer même qu'il bénéficie du déroulement réversible et qu'il projette et reprojette au ralenti, il demeure assujetti, comme dans toutes les techniques du geste, au temps d'appréhension. Mais paradoxalement, l'urgence de l'instant renforce le pouvoir actif du signe. Elle contribue à créer l'émotion qui le caractérise dans les techniques de la trace. Appartenant à la fois, comme la phonographie, aux techniques de la trace et aux techniques du geste, la cinématographie peut doublement bénéficier de ce pouvoir. Elle en tire un parti d'autant plus séduisant qu'il résulte de la sollicitation conjointe, par alternance ou combinaison, des deux formes fondamentales de l'affectivité.

Cependant, cette séduction peut irriter. Il ne suffit pas de plaire, ni même de persuader. Encore faut-il convaincre. De ce problème témoigne le sens familier que note le dictionnaire Larousse du français contemporain ; "C'est du cinéma ; ce n'est pas sincère ; c'est de la comédie, du bluff" (65). Hors de toute polémique, les témoignages de ce genre méritent la plus grande attention. Leur examen conduit le chercheur à considérer l'un des réseaux de signification concernant les modes les plus accusés du comportement dont le cinéma constitue l'une des formes d'extériorisation (66). Mais il attire son attention, par contraste, sur l'une des formes les plus discrètes. Ainsi apparaît-il que le cinéma peut servir d'amplificateur pour renforcer le pouvoir créateur du signe tel qu'il se manifeste dans les activités les plus modestes. En témoigne l'importance attachée par les spectateurs à la mise en scène réaliste des plus menus détails de la vie quotidienne, qu'il s'agisse des films de fiction ou des films documentaires.

Quelles que soient les activités montrées, le cinéma réussit non seulement à séduire mais encore à convaincre, dans la mesure où il applique la double règle formulée par Racine dans la préface de *Bérénice* : "La principale règle est de plaire et de toucher. Toutes les autres ne sont faites que pour parvenir à cette première". Mais s'il est relativement facile de plaire, du moins lorsqu'il s'agit des plaisirs les moins raffinés, il est toujours beaucoup plus difficile de toucher. On a plus de chances d'y parvenir quand les activités montrées peuvent être rapportées à l'histoire, entendue au sens positiviste du terme, en même temps qu'elles s'inscrivent dans la légende qui les rattache à l'imaginaire culturel.

On peut toutefois se demander si la plus grande habileté dans la mise en scène n'est pas insuffisante quand elle concerne seulement la description objective de l'action et la profondeur intersubjective de l'expression. Comme l'a peut-être compris, parmi les précurseurs de la scénographie, le sophiste Protagoras dont Platon admirait la haute moralité, les chances sont plus grandes quand la cause est juste. Plus précisément, les chances sont d'autant plus grandes que sont nombreux les points sur lesquels la cause peut être justement défendue. Dans ce cas le film peut revêtir, sans choquer, un caractère ouvertement publicitaire. C'est probablement ce qui explique le succès de *La Croisière Jaune*, qu'Albert Radenac a réalisé en vue d'illustrer la robustesse des voitures que fabriquaient, pour le compte et sous l'impulsion d'André Citroën, les ouvriers et les ingénieurs des années trente (67). Sans doute y a-t-il dans ce film quelques traits cocardiers qui font sourire la jeunesse d'aujourd'hui. Ils paraissent provenir de l'énergie qui inspirait, dans les tranchées, les combattants français de la première guerre mondiale. On songe notamment au vin qu'on leur distribuait avant l'assaut et qu'ils avaient appelé "le monte en ligne". Quelle que soit la pertinence scientifique d'un tel rapprochement, il est difficile de ne pas le faire quand on entend, lors des projections, cette phrase du commentaire "Le 4 août 1931, peinture éraillée, carrosserie cabossée, moteurs tournant à plein régime depuis mille deux cents heures, les auto-chenilles Citroën entrent dans la Haute-vallée de l'Indus et les hommes de la Croisière Jaune, dans la légende".

C'est en réfléchissant sur cette phrase, telle qu'elle précise le sens de la description non verbale, que nous avons remarqué la coalescence filmique de la légende et de l'histoire. De même nous a-t-elle amené à comprendre pour quelles raisons le cinéma, apparu lors de son invention, comme un moyen de conserver le passé, fait ressortir en se développant la manière dont il permet de déterminer l'avenir en agissant sur le présent.

NOTES

1. (p. 7) *Montré* : réalité sensible exposée à la vue, ou, plus généralement, aux divers organes sensoriels d'un observateur, soit d'une manière directe, soit par l'intermédiaire d'une reproduction mécanique plus ou moins fidèle, d'ordre photographique ou cinématographique, ou d'une figuration plus ou moins stylisée. De ce fait, le montré est susceptible d'un constat, ainsi que d'une reconnaissance fondée sur la prise en compte des traits d'identification dont il est porteur.

Montrable suggéré : réalité sensible qui pourrait être exposée à la vue d'un observateur et dont l'absence est compensée par la présence d'une autre réalité sensible dont les traits d'identification lui servent d'indice.

Exprimé non montrable : réalité matérielle ou mentale qui n'est pas susceptible d'être directement exposée à la vue d'un observateur mais qui est portée à son attention d'une manière indirecte, par une expression conventionnelle, de caractère arbitraire ou symbolique, fondée sur un support montrable, de l'ordre de la représentation matérielle, de l'indice ou du signe arbitraire. Cf. note 7 consacrée à la définition de la scénographie.

2. (p. 8) "La grande différence entre les sociétés animales et les sociétés humaines est que, dans les premières, l'individu est gouverné exclusivement *du dedans*, par les instincts (sauf une faible part d'éducation individuelle, qui dépend elle-même de l'instinct) ; tandis

que les sociétés humaines présentent un phénomène nouveau, d'une nature spéciale, qui consiste en ce que certaines manières d'agir sont imposées ou du moins proposées du dehors à l'individu et se surajoutent à sa nature propre ; tel est le caractère des "institutions" (au sens large du mot) que rend possible l'existence du langage, et dont le langage est lui-même un exemple. Elles prennent corps dans les individus successifs sans que cette succession en détruise la continuité ; leur présence est le caractère distinctif des sociétés humaines, et l'objet propre de la sociologie ". Emile Durkheim, commentaire à l'article Société in André Lalande *Vocabulaire technique et critique de la philosophie* (Paris, Presses Universitaires de France, 1956).

3. (p. 9) "*ITHOS* (toss) n.m. (1672 MOL.; du gr.êthos, prononcé *ithos* par itacisme). Anc. Rhét. Partie de la rhétorique traitant de l'impression morale produite par l'orateur (par oppos.à *pathos*, l'expression passionnée ou émue). (...)
"– Vous avez le tour libre, et le beau choix des mots.
– On voit partout chez vous l'*ithos* et le *pathos*. "MOL. Femmes sav.III, 3.

PATHOS (-toss'). n.m. (1671 ; mot gr. signifiant "souffrance, passion"). 1° Anc. Rhét. Partie de la rhétorique qui traitait des moyens propres à émouvoir l'auditeur ; ensemble des mouvements, des figures qu'on employait pour y parvenir (par oppos. à *ithos*. (...)". Paul Robert, *Dictionnaire alphabétique et analogique de la langue française* en 7 vol. (Paris, Société du nouveau Littré, 1973).

4. (p. 16) "L'image de l'ethnologue-cinéaste est pour ainsi dire constamment encombrée de gestes, d'objets matériels, d'aspects du milieu autres que ce qu'il aurait souhaité délimiter. (...) Cet encombrement constaté par l'ethnologue-cinéaste n'est que l'expression particulière d'une loi scénographique générale, que nous avons qualifiée de loi d'encombrement de l'image, selon laquelle montrer une chose, c'est en montrer une autre simultanément". Claudine de France, *Cinéma et anthropologie* (Paris, Editions de la Maison des Sciences de l'Homme, 1982) p. 28.

5. (p. 21) Cf. François Molnar, "Eléments sensoriels de la vision", *Voir, entendre*, Revue d'Esthétique (Paris, Union Générale d'Editions, 1976/4, Collection 10/18, pp.202-216).

6. (p. 23) Marcel Griaule, *Méthode de l'ethnographie* (Paris, Presses Universitaires de France, 1957) p. 49 ;

Erving Goffman, *La mise en scène de la vie quotidienne*, I., trad.fr. par Alain Accardo (Paris, Editions de Minuit, 1973, Collection Le sens commun) pp. 110-111 ;
Claudine de France, *Cinéma et anthropologie*, pp. 71-109.

7. (p. 28) Employé ordinairement pour désigner les recherches concernant les décors de théâtre ou de cinéma, le mot "scénographie" est ici pris dans un sens plus large. Il convient cependant de noter qu'en élargissant son domaine, la discipline ne modifie pas fondamentalement la nature de ses recherches. Qu'il s'agisse des procédés cinématographiques utilisés pour mettre en scène les décors ou les faits et gestes des personnes filmées, la scénographie étudie des artifices. Elle examine, dans les deux cas, des techniques de simulation qui ont notamment pour effet de donner au spectateur l'impression d'être situé dans l'univers de l'action.

Par ailleurs, la scénographie du cinéma s'inscrit dans le cadre de la scénographie générale, discipline traitant de la manière dont sont agencés les constituants sensibles des représentations matérielles, et dont l'objet peut être défini, dans son étendue la plus large, la manière de présenter, de se présenter et de se prêter à la présentation chez les êtres vivants. Est, en effet, du ressort de cette discipline, toute activité ayant pour but de montrer, c'est-à-dire d'exposer une réalité sensible à la vue et, plus généralement, aux divers organes sensoriels d'un observateur quelconque. Par représentation matérielle on entend selon les cas : 1) la représentation de ce qui est montré d'une manière immédiate, lors de l'observation directe, comme dans la monstration des faits et gestes, caractéristique de la vie quotidienne ; 2) la représentation artificielle de ce qui est montré, lors de l'observation différée, par l'intermédiaire d'une reproduction mécanique plus ou moins fidèle, d'ordre phonographique, photographique ou cinématographique, ou d'une figuration plus ou moins stylisée, d'ordre pictural, sculptural, etc. Par réalité sensible on entend les ensembles de manifestations matérielles susceptibles d'être perçus par tous les observateurs.

8. (p. 30) Lors d'un travail ultérieur, nous tiendrons davantage compte d'une perspective inspirée, comme ce travail, par les recherches de Jean Piaget, André Leroi-Gourhan et Frank Tinland (*). Nous nous efforcerons de démontrer d'une manière plus directe et plus détaillée que la mise en scène concerne à la fois les domaines de l'action, de la norme et de l'expression. En effet, dans le domaine de l'action, elle se trouve liée au jeu des contraintes et des options ; et, plus généralement, à l'opposition entre la liberté des hommes et l'ordre nomologique des lois et des structures du réel. Parallèlement, dans le domaine des normes, elle est déterminée aussi bien par ce qui les

oppose entre elles que par ce qui les oppose à la réalité ; et, plus généralement, par l'ordre axiologique des valeurs et des fonctions. Enfin, dans le domaine de l'expression, elle apparaît comme l'un des ressorts du décalage entre ce que l'on promet, par les signes, et ce que l'on est capable de tenir, par les actes ; et, plus généralement, entre la réalité et l'ordre sémiologique des signes et des systèmes qui les régissent.

(*) Jean Piaget, "Le problème des mécanismes communs dans les sciences de l'Homme", *Actes du VIème Congrès mondial de Sociologie*, Evian, 4-11 septembre 1966, vol.I (Genève, Association Internationale de Sociologie, 1966, pp. 21-48) ;

André Leroi-Gourhan, *Le geste et la parole*, I. Technique et langage (Paris, Albin Michel, 1964, Collection Sciences d'aujourd'hui, 323 p.) ; II. La mémoire et les rythmes (Paris, Albin Michel, 1965, Collection Sciences d'aujourdui, 285 p.) ;

Franck Tinland, *La différence anthropologique, essai sur les rapports de la nature avec l'artifice* (Paris, 1977, Collection Analyse et raisons, 454 p.).

9. (p. 35) Xavier de France, "Modes d'enregistrement et de présentation en cinématographie", *Epistémologie sociologique* (Paris, Anthropos, juin-juillet 1970, n° 9, pp. 23-56) ;

    Claudine de France, "Formes élémentaires de l'enregistrement cinématographique", *L'Homme, Hier et aujourd'hui, recueil d'études en hommage à André Leroi-Gourhan* (Paris, Editions Cujas, 1971, pp. 685-693).

10. (p. 43) On retrouve des formes de correspondance analogues dans l'étude d'autres modes de représentation matérielle, tels que les représentations rupestres. Ainsi peut-on mentionner l'une des peintures découvertes par Nièd Guidon sur les falaises du sud-est de l'Etat du Piaui, au Brésil (*). On y remarque deux figures anthropomorphes, dont l'une est munie d'un objet tenu dans la main et qui la sépare de l'autre. Celle-ci est dans une position à ce point déséquilibrée qu'elle paraît constituer le moment montré d'une chute et l'indice certain que la chute est supposée se poursuivre jusqu'à son terme durant les moments suivants. L'analogie a été établie par Anne-Marie Pessis, chercheur du Département d'Anthropologie d'Amérique de l'Ecole des Hautes Etudes en Sciences Sociales (**). Sa mise en évidence est liée au travail collectif organisé par la Formation de Recherches Cinématographiques de l'Université de Paris X, à partir des notions concernant l'agencement spatial et temporel (composition, ordre, articulations) élaborées par Claudine de France (***).

(*) Niède Guidon, *Peintures Rupestres de Varzea Grande, Piaui, Brésil* (Paris, E.H.E.S.S., 1975, Cahiers d'Archéologie d'Amérique du Sud n° 3, 174 p.) ; Niède Guidon, *Peintures rupestres de Varzea Grande, Piaui, Brésil*, 2ème partie (Paris, Institut d'Ethnologie, 1978, Collection Archives et Documents, p.10, microfiche n° 1).

(**) Anne-Marie Pessis, "Méthode d'analyse des représentations rupestres" (Paris, E.H.E.S.S.., 1981, Communication pour la première réunion scientifique de la Société Brésilienne d'Archéologie, Symposium sur l'Art rupestre du Brésil, méthodologie de l'analyse des figures, Rio de Janeiro, septembre 1981, 25 p.).

(***) Claudine de France, *Cinéma et anthropologie*, pp. 165-269.

10 bis.(p. 44) Les agencements fonctionnels des gestes et des objets, tels qu'ils s'offrent à l'observation détaillée, constituent la matière d'une discipline : la praxéologie microphénoménale ou micropraxéologie. Celle-ci comprend notamment l'analyse des relations praxéologiques – nécessaires ou contingentes – : 1° de composition (complémentarité des êtres dans l'espace et des actions dans le temps) ; 2° d'ordre (orientation des êtres dans l'espace, succession ou simultanéité des actions dans le temps) ; 3° et d'articulation (jonctions : contiguïté des êtres dans l'espace et consécution des actions dans le temps ; séparations : intervalles entre les êtres dans l'espace et pauses entre les actions dans le temps). Au-delà du plan microphénoménal, la prise en compte de ces relations praxéologiques et de leurs apparences parfois trompeuses facilite l'étude des champs d'intrication et des stratégies d'ensemble. Cf. Claudine de France "L'Analyse praxéologique. Composition, ordre et articulation d'un procès ", *Techniques et culture* (Paris, Editions de la MSH, n° 1, janvier-juin 1983, pp. 147-170).

10 ter (p. 69) Par contraintes d'encombrement on entend la loi selon laquelle on ne peut montrer une chose sans en montrer une autre simultanément. Cf. Claudine de France *Cinéma et anthropologie* (1982) ainsi que l'article " La loi d'encombrement et sa coordination avec d'autres lois de la présentation cinématographique ", pp. 5-26 in *Le Film documentaire : contraintes et options de mise en scène* (Nanterre, Université de Paris X - FRC, collection Cinéma et sciences humaines, 1983, 123 p.)

11. (p. 74) "Quand je commence à tourner le film, pour moi il est fini. Si bien fini que je souhaiterais ne pas avoir à le tourner. Je l'ai entièrement vu dans ma tête : sujet, tempo, cadrages, dialogues, tout". Alfred Hitchcock, extrait d'un entretien avec François Truffaut et Claude Chabrol in *Cahiers du Cinéma*, février 1955, n° 44, reproduit in

La Politique des auteurs, ouvrage collectif (Paris, Champ libre, 1972) p. 156.

12. (p. 77) Interrogé à propos de la réalisation de *Petit à petit* (1971), Jean Rouch déclare : "J'ai inventé l'histoire avec Damouré et ses amis. Quand nous tournions une scène, les comédiens savaient quel était le thème, mais il n'y avait aucun dialogue, tout était improvisé. Tous les mots, toutes les inventions de Damouré sont bien de lui. Il y en a que je ne connais pas. Par exemple, quand il dit que Paris est magnifique comme le "magnificor", je ne sais absolument pas ce que cela veut dire". Propos recueillis par Louis Marcorelles et publiés dans *Le Monde* du 16 septembre 1971.

13. (p. 77) "Le travail difficile est la   préparation : trouver l'histoire, décider de la façon de la raconter, quoi montrer et quoi ne pas montrer. Une fois que vous commencez le tournage, c'est un plaisir : vous voyez le film sous son meilleur jour, développez certains détails, améliorez l'ensemble. Je ne suis pas le script scrupuleusement ; dès que je vois une chance de faire une chose intéressante, je le change complètement en cours de route. C'est pourquoi j'aime le tournage, comme j'aime le travail sur le scénario". Howard Haws, extrait d'un entretien avec Jacques Becker, Jacques Rivette et François Truffaut, in *Cahiers du Cinéma*, février 1956, n° 56, reproduit in *La Politique des auteurs*, ouvrage collectif (Paris, Champ libre, 1972) p. 130.

14. (p. 78) Entre le jeu des acteurs (professionnels ou non) et les opérations du cinéaste, s'établit une sorte de dialogue gestuel. Un tel face à face ne permet pas toujours d'exprimer dans leur profondeur les personnalités engagées dans la mise en scène. Au lieu d'un véritable contact, le dialogue peut avoir pour résultat le refuge dans une sorte de timidité, ou la fuite en avant dans les diverses modalités de la complaisance et du cabotinage. Il est d'autant plus entravé que le réalisateur est enclin à privilégier l'expression d'idées et de sentiments antérieurs à la réalisation, ce qui revient à illustrer un imaginaire dominé par les moyens d'expression traditionnels (mime, théâtre, roman, etc.). Le cinéma de fiction et le documentaire classique évitent difficilement cette forme de création a priori. Il en va différemment des nouvelles formes du cinéma documentaire (cinéma-vérité, candid-eye, living-camera, cinéma direct, etc.). L'improvisation y conduit le réalisateur et les acteurs à des relations qui permettent une expression moins factice de leur personnalité, tout comme des réalités révélées ou engendrées par le dialogue. Ainsi fondée sur la création a posteriori, la mise en scène fait naître un imaginaire spécifique dont peut s'inspirer le cinéma de fiction.

15. (p. 79) Chamfort, *Maximes et pensées, Caractères et anecdotes* (Paris, Garnier-Flammarion, 1968) p. 133.

16. (p. 79) "Lors de notre passage, l'auteur d'*Apocalype now* (Francis Ford Coppola) répétait une scène musicale de son film, reproduite pour l'équipe technique sur un écran de télévision : car le film inlassablement s'élabore, se corrige, se confirme dans le travail de la vidéo. L'espace des plans se compose, se nettoie des scories diverses pour permettre, toutes choses fixées, un tournage rapide de quelques semaines. Cette nouvelle manière qui veut tout prévenir, conjurer tous les risques, et qu'on ne soupçonne guère en France, semble ici se régulariser". Jacques Fieschi, "Carnet de voyage", *Cinématographe* (Paris, mars-avril 1981, n° 66) p. 4.

17. (p. 82) Technique de la trace, la cinématographie compense, par les ruptures nettes du montage discontinu, les inconvénients dus à l'estompage, propre aux techniques du geste, des modes d'articulation entre les activités. On en trouve un exemple dans le film déjà cité *La Coupe des légumes*, où les différentes manières d'utiliser le "couteau du chef" se succèdent sans transition.

18. (p. 82) Dans un cas, on montre les substituts visuels de phonèmes qui ne sont pas nécessairement reliés par un rapport d'appartenance ou de similitude à l'objet de l'évocation. Il en résulte notamment que ces manifestations graphiques tendent généralement, comme on l'a vu plus haut, à s'effacer très fortement, dans l'esprit du destinataire, derrière ce qu'ils expriment. Il en va très différemment dans l'autre cas. Un rapport d'appartenance y rattache en effet, de façon nécessaire, à l'objet de la mise en scène, tout ce que l'on montre, exception faite des éléments parasitaires que l'on appelle "bruits" chez les informaticiens, parmi lesquels figurent en cinématographie, les rayures de l'image et les grésillements de la bande sonore.

19. (p. 84) "Travaillant avec des gens qui sont les champions de la tradition orale, il est impossible d'écrire des scénarios, il est impossible d'écrire des dialogues. Donc, je suis obligé de me soumettre à cette improvisation qui est l'art du logos, l'art de la parole et l'art du geste. Il faut déclencher une série d'actions, pour voir, tout d'un coup, émerger la vérité, de l'action inquiétante d'un personnage devenu inquiet. (...) Lorsque je crée avec Damouré, Tallou et Lam, nous créons des situations, nous nous créons à nous-mêmes des énigmes ; nous nous posons des charades, des devinettes ; à ce moment-là nous entrons dans l'inconnu et la caméra est forcée de suivre. C'est une recette très facile puisque je suis moi-même à la caméra. Dans la plupart des cas, dans la plupart des séquences que je commence à

tourner, je ne sais jamais ce qu'il va y avoir au bout, donc je ne m'ennuie pas. Je suis forcé d'improviser pour le meilleur et pour le pire". Jean Rouch, in *Jean Rouch, une rétrospective* (Paris, Catalogue du Ministère des Affaires Etrangères, 1981) p. 8.

20. (p. 85) C'est vers un équilibre de ce genre que tend notre film *Patinage à roulettes* (1965), en raison du moteur de la caméra, la détente du ressort n'excédant pas trente secondes. Ainsi avons-nous dû compenser la fragmentation temporelle en multipliant et variant les points de vue de telle sorte que leur enchaînement corresponde à la fluidité des gestes montrés.

21. (p. 85) En cinématographie documentaire, l'emploi des procédés de répétition peut répondre au souci de respecter la spontanéité des gestes et des mimiques des personnes filmées. C'est notamment le cas de la stratégie appelée "Méthode des esquisses", par laquelle on s'efforce de concilier répétition et découverte. En effet, la répétition n'a pas seulement pour but de faire bénéficier le chercheur des avantages de la fixation propre à toutes les techniques de la trace. Elle est plus particulièrement destinée à lui fournir la possibilité d'examiner indéfiniment les variations imprévisibles de l'action, telles que les innovations gestuelles découvertes grâce aux multiples changements caractérisant la mise en scène. Cf. Claudine de France *Cinéma et anthropologie*, pp. 271-356.

22. (p. 85) "... les dialogues, je ne les improvise pas systématiquement ; ils sont écrits depuis longtemps et si je les donne au dernier moment, c'est que je ne désire pas que l'acteur – ou l'actrice – s'y accoutume. Cette domination sur l'acteur, j'y parviens encore en répétant peu et en tournant vite, sans trop de prises. Il faut compter sur la "fraîcheur" des interprètes." Roberto Rossellini, extrait d'un entretien avec Maurice Sherer et François Truffaut, in *Cahiers du Cinéma*, Juillet 1954, n° 37, reproduit in *La Politique des auteurs*, ouvrage collectif (Paris, Champ libre, 1972) p. 84.

23. (p. 90) "Si le scénario s'est autorisé, avec le mythe romanesque maintes fois illustré, tant au cinéma qu'au théâtre, quelques audaces, (...) la mise en scène, elle, est inexistante, ou entièrement soumise, inféodée au récit romanesque. Rarement une caméra aura été dirigée de façon aussi timide, conventionnelle, et sera mise avec un tel délice au service d'un art pompier, en s'abritant derrière le rempart – fragile – d'un scénario voulu "moderne". "Serge Toubiana, Critique de *La Dame aux camélias*, *Cahiers du cinéma*(Paris, avril 1981, n° 322) p.60.

24. (p. 91) En effet, le synopsis est un texte plus synthétique de quelques pages, centré sur l'idée du film et que l'on a commencé à nommer ainsi lorsque l'usage a délaissé le mot argument, après l'avoir réservé quelque temps pour désigner une expression plus courte de cette idée.

"Synopsis .N.m. ou f.-(f : Ouvrage qui présente le coup d'oeil, l'ensemble d'une science, *Littré*, t4 (1874), 2 116/1).

– Le mot a changé de genre en entrant dans la langue du cinéma, où il parait constituer un américanisme et a remplacé *argument* (V.).

– Canevas, ébauche, récit succint, le synopsis doit donner en quelques pages une idée aussi précise que possible du sujet, sans recherche de style et sans indications techniques. Ces dernières seront ajoutées par la suite, au cours de l'élaboration du *traitement*, de la *continuité* et du *scénario* de travail (V.). Le synopsis ne présente que l'idée.

"La grosse erreur américaine est que ce qu'ils achètent, c'est l'idée, le synopsis en cinq ou six pages, que l'on fait ensuite développer par un premier spécialiste et découper par un second. Diamant-Berger, *Le film*, 9 février 1919, 8/2"." Jean Giraud, *Le Lexique français du cinéma des origines à 1930* (Paris, Centre National de la Recherche Scientifique, 1958) pp. 194-195.

25. (p. 91) "Eisenstein considérait le travail du scénariste et celui du réalisateur de cinéma comme un processus créateur continu ; le réalisateur continuait pour sa part, sans hiatus, le travail amorcé par l'auteur. Il insistait surtout sur l'importance qu'il fallait attacher à la capacité de concevoir une mise en scène qui puisse rendre compte de façon claire et suggestive l'idée-force du scénario, au niveau de la composition comme à tous les niveaux ." Vladimir Nijny et Sergueï Mikhaïlovitch Eisenstein, *Mettre en scène* (Paris, Union Générale d'Editions, 1973, Collection 10/18) p.60.

26. (p. 91) "Le scénario peut et doit être fait par l'auteur et le metteur en scène en commun, mais c'est le metteur en scène seul qui doit avoir la responsabilité du découpage. C'est lui le médiateur entre le scénario et l'écran. C'est lui qui doit rendre visuelles les pensées de l'auteur. C'est lui qui doit "voir" les images et prévoir les plans, et non seulement les "voir" en eux-mêmes, mais aussi dans leur changement et leur enchaînement. C'est lui qui crée le rythme du film par le choix et l'enchaînement des motifs. La rédaction du découpage est donc, à proprement parler, le travail légitime du metteur en scène. (...). Aussi bien le découpage n'est pas affaire de technique, mais débouche sur l'art. A travers son découpage, le metteur en scène révèle déjà s'il est un artiste ou non. D'où il résulte encore que la collaboration du metteur en scène à l'élaboration du scénario n'est pas seulement souhaitable, mais absolument nécessaire. Lui seul est capable de transformer dans sa pensée le scénario en découpage, car il est le seul

dans le cerveau duquel les multiples éléments dont un film est fait se fondent en un tout." Carl Th.Dreyer, *Le Scénario et le découpage* (1936), cité in Irène Bessières, *Le Cinéma* (Paris, Librairie Larousse, 1979, Collection Idéologies et sociétés) pp.50-51.

27. (p. 92) Envisageant, avec ses étudiants, la possibilité de porter à l'écran le roman de Balzac *Le Père Goriot*, Eisenstein aborde, de la manière suivante, la question de la mise en scène d'une séquence ayant pour cadre la pension Vauquer : " Si donc nous voulons trouver un moyen de rendre sensible sur scène le contenu intellectuel de notre scène, il nous faut d'abord constater que ce serait une erreur de réunir sans différenciation les pensionnaires autour d'une table ronde. Au contraire, lorsqu'un personnage est assis, au haut bout d'une table, et un autre au bas bout, c'est déjà une façon de donner une image sensible des différenciations sociales. Madame Vauquer, cela va de soi, est assise au haut bout de la grande table, et par là même, elle préside ; celui qui possède, ne serait-ce qu'une serviette de plus que les autres, se voit attribuer la place d'honneur à son côté. Les pensionnaires qui ne sont intéressants ni par leur situation financière, ni par leurs relations influentes, ont leur place à distance respectueuse de Madame Vauquer. Au bas bout de la table, s'assied enfin l'extrême misère . C'est là que le père Goriot aura sa place. (...). Par la façon dont vous disposez la tablée, vous reproduisez le principe de la différenciation des pensionnaires (...). Rien que par leur disposition, leur ordre autour de la table, vous montrez le sens de leurs rapports mutuels. Et tel est précisément notre but." Vladimir Nijny et Sergueï Mikhaïlovitch Eisenstein, *Mettre en scène* , pp.54-55.

28. (p. 92) "Si le scénario est réduit à un rôle si limité, c'est parce que l'essentiel du mélodrame, c'est la mise en scène. Comme l'a bien vu le premier critique du temps :"ce serait un ridicule que de prétendre en faire l'éloge ou la censure, sous le rapport littéraire : ce sont des spectacles d'optique, de mécanique et d'industrie mimique (...) ; les paroles y sont données par dessus le marché, (...) ce qu'on y voit est l'essentiel, c'est pour cela que l'on paie" (Geoffroy, Cours de littérature dramatique, t. VI) p. 62. Du coup, l'auteur mélodramatique se doit d'être un auteur complet ; c'est Pixérécourt qui l'a écrit le premier, quatre-vingt-onze ans avant Pagnol, cent-onze ans avant Rohmer : "Il faut que l'auteur dramatique mette lui-même sa pièce en scène". (*Dernières réflexions sur le mélodrame*, Paris, 1947). Nous savons que Pixérécourt mettait vingt jours, parfois dix, pour écrire sa pièce, et facilement cinq ou six fois plus pour faire sa mise en scène. Comme le note Alexandre Piccini, auteur de la plupart de ses partitions : "Il n'était pas seulement l'auteur de ses pièces, mais encore il en dessinait les costumes, donnait le plan de ses décorations, expliquait au

machiniste le moyen d'exécuter les mouvements. Scène par scène, il donnait aux acteurs des indications sur leurs rôles". (Pixérécourt, *Théâtre choisi*, t.II) p.171. Hugo et Dumas mettant en scène leurs drames eux-mêmes, n'ont nullement innové comme voudrait le faire croire la critique élitiste ; ils ont simplemmnt suivi – et partiellement – l'exemple du mélo". Jacques Goimard, "Le mot et la chose", *Les Cahiers de la Cinémathèque*, pour une histoire du mélodrame au cinéma (Perpignan, Association Les Cahiers de la Cinémathèque, 1979, n° 28) p. 29.

29. (p. 92) Interrogé à propos de l'élaboration du scénario de *L'Année dernière à Marienbad* (Alain Resnais, 1961), Alain Robbe-Grillet a déclaré : "En écrivant, j'étais déjà en train de voir le film. Ce qui me serait impossible, ce serait plutôt d'inventer une histoire, d'écrire des aventures sans préciser en même temps comment elles seront proposées au public, sous quelle forme (...). Il me semble même que le décor de l'hôtel a précédé tout le reste. La première fois que j'ai pensé au scénario, ce n'était pas une histoire d'amour, mais une histoire policière qui se serait déroulée dans le même cadre (...)." Déclaration publiée dans *France-Observateur* en date du 18 mai 1961.

30. (p. 92) "J'estime que le scénariste doit penser en termes de cinéma même s'il est très littéraire. Par exemple, pour une scène de *La Chambre verte*, l'entrée dans la salle des ventes, Truffaut me dit : "Je n'arrive pas à voir ce que tu veux dire. Ecris-le comme si tu voulais le mettre en scène". Alors je lui ai fait une mise en scène, en champs, contre-champs, etc. Il ne l'a d'ailleurs pas tournée du tout comme ça, mais ça lui a permis de visualiser."Jean Gruault, extrait d'un entretien, in *Cinéma 80* (Paris, Société E.T.C., juillet-août 1980, n°259-260) p.8.

31. (p. 93) "J'apporte à Resnais ce que j'ai écrit la veille : un dialogue, une scène, des indications de détails, un habillement, un geste. Tout ça en vrac. Nous prenons l'histoire par tous les bouts à la fois". Jean Cayrol, scénariste de *Muriel* (1963). Déclaration parue in *L'Arc* (1967) et reproduite in *Cinéma 80* (Paris, Société E.T.C., juillet-août 1980, n° 259-260) pp. 11-12.

32. (p. 95) "*Cahiers* : Compte tenu des temps de tournage très courts, aviez-vous la possibilité de faire de nombreuses répétitions ?
Monicelli : (...) Les répétitions avec Totò étaient très peu nombreuses car il ne refaisait jamais la même chose, changeait le temps, les mimiques, les intonations. Au montage, cela posait évidemment un problème de raccords ; c'est la raison pour laquelle on cherchait à tourner de préférence des scènes longues, durant lesquelles la caméra

suivait les mouvements des acteurs, et ainsi il n'y avait pas à faire de raccords (...).

Cahiers :En somme, il était à la fois très facile et très difficile de travailler avec Totò ?

Monicelli : Pour un réalisateur, qui aurait voulu obtenir de lui des choses très précises, qui aurait en tête un certain type de montage, ç'aurait été impossible. Mais si, au contraire, on le prenait un petit peu comme un animal sur lequel on fait un documentaire, lui laissant suffisamment de liberté, dès l'instant où il était possible de réajuster au montage, tout allait bien. De toute façon, si on le contraignait à faire quelque chose qui ne lui convenait pas, ça ne donnait rien. (...) Je devais donner à Totò le plus d'espace possible et bien sûr le plan général était très fréquent. Pourtant, je faisais aussi des gros plans, mais comme Totò ne faisait jamais la même chose, il y avait toujours un risque à travailler dans un cadre serré. (...) Avec lui j'ai appris à savoir capter la spontanéité, la vérité de l'acteur. Lorsque je prends, comme cela m'arrive fréquemment, mes acteurs au hasard des rues, je n'ai pas la possibilité d'en faire des véritables acteurs professionnels. Je choisis quelqu'un dans la rue parce qu'il a un certain comportement, une certaine physionomie, une certaine façon de parler. C'est tout cela qu'il faut savoir utiliser ; avec Totò c'était un peu le même type de rapport : utiliser ce qu'il était capable de faire."
Entretien avec Mario Monicelli, réalisé par Jean-Louis Comolli et François Gère, in *Cahiers du Cinéma* (Paris, Editions de l'Etoile, mars 1979, n° 298) pp. 13-14-15.

33.   (p. 95) " Je regarde un homme dans la vie, je le fixe dans ma mémoire. Lorsqu'il se trouve devant la caméra, il est complètement perdu et va essayer de "jouer" ; c'est ce qu'il faut éviter absolument. (...) Mon travail est de le remettre dans sa vraie nature, de le reconstruire, de lui rapprendre ses gestes habituels." Roberto Rossellini, déclaration in *Cahiers du Cinéma*, n° 66, reproduite in *Etudes Cinématographiques, Théâtre et Cinéma 2, L'Acteur* (Paris, M.J. Minard, janvier-mars 1962, n° 14-15) p. 79.

34.   (p. 96) "Diffuse ou strictement programmée, la ritualité intéresse au premier chef l'ethnologue-cinéaste, en ce qu'elle est dans tous les cas un spectacle de gestes, d'objets et de manipulations que les hommes offrent aux dieux ou qu'ils s'offrent les uns aux autres. Ephémère comme l'est la parole, ce spectacle doit, pour être retenu par la mémoire, affecter les sens, impressionner l'esprit. Aussi le voit-on se répéter de façon régulière." Claudine de France, *Cinéma et Anthropologie*, p. 24.

35. (p. 96) C'est ainsi qu'a procédé Alfred Hitchcock dans *I saw the whole thing* (1962), court film destiné à la télévision. En effet, les divers témoins d'un accident de la circulation dans une petite ville de province, sont présentés en instantané filmé au moment précis où ils réagissent au bruit de la collision entre un automobiliste et un motocycliste situés hors-champ.

36. (p. 98) "Claude Lelouch n'écrivant jamais de découpage et improvisant presque chaque scène en fonction des désirs de dernière heure du réalisateur ou du chef-opérateur, le même homme, – lui même –, nous tenons à préciser que, mis à part les dialogues, ce "découpage" a été établi par nos soins après une vision plan par plan du film. Il est bon toutefois de signaler que, lorsque nous mentionnons "travelling", il s'agit non pas d'un chariot (deux ou trois fois seulement utilisé), mais d'un effet de caméra portée (toujours par Lelouch) ou, comme nous le notons , d'un zoom (travelling optique)." Jacques-G.Perret, "Avertissement, Un homme et une femme, découpage après montage définitif et dialogues in extenso", *L'Avant-scène du cinéma* (Paris, L'Avant scène, décembre 1966) p.7.

37. (p. 98) On peut même penser que les fonctions contraires d'irritation et d'endormissement s'exercent l'une et l'autre avec d'autant plus d'efficacité que diminue la variété des registres de la monstration et de l'expression. Dans cette hypothèse, l'irritation et l'endormissement apparaissent comme des effets négatifs, quoique tardifs, de la loi de privation libératrice. A vouloir trop jouer sur un nombre restreint de registres, on stimule efficacement pendant quelque temps, mais au risque d'entraîner par la suite énervement ou lassitude. Aussi est-il préférable, sauf exception, d'éviter la réduction prolongée des registres.

38. (p. 99) En somme, "il faut bercer le spectateur sans l'endormir", ainsi que le disait Saskia Jouwersma, ethnologue-cinéaste de l'Université de Leyde, pour résumer une discussion consacrée à cette question lors d'une séance du séminaire de Scénographie de l'Université de Paris-X-Nanterre.

39. (p. 99) C'est l'explication spontanée de cette règle qu'illustrent par exemple les films de Robert Flaherty : *Nanook* (1922) et *L'Homme d'Aran* (1934).

40. (p. 99) Exprimée notamment par le proverbe : "Le bonheur n'a pas d'histoire", cette règle a donné lieu à une interprétation où les bons sentiments sont exclus. A partir d'une phrase de Gide ont, par exemple, été formées des maximes comme celle selon laquelle : "On ne

peut faire de la bonne littérature avec des bons sentiments". Aussi Gide a-t-il dû rappeler, dans son *Journal*, ce qu'il avait effectivement écrit : " J'ai écrit, et je suis prêt à récrire encore ceci qui me paraît une évidente vérité : "C'est avec les bons sentiments qu'on fait de la mauvaise littérature". Je n'ai jamais dit, ni pensé, qu'on ne faisait de la bonne littérature qu'avec de mauvais sentiments".

41. (p. 102) Sans doute le terme d'exhibition peut-il choquer, à l'inverse d'interpellation, quand il s'agit de la manière dont le spectateur est affecté, non seulement dans l'ordre de l'acte et de la parole, mais encore dans celui de la norme. Mais il faut alors penser qu'une exhibition choquante peut servir d'exemple et revêtir par là même une valeur normative, comme en témoigne l'épisode évangélique du lavement des pieds.

42. (p. 105) Cette hiérophanie de l'universel réalisée dans une expression particulière, à partir de quoi Hegel a conçu la notion d'universel concret, constitue, dans la culture occidentale, l'une des marques de la tradition judéo-chrétienne, comme l'indique Henry Duméry dans son ouvrage *Phénoménologie et religion, structures de l'institution chrétienne* (Paris, Presses Universitaires de France, 1958, Initiation philosophique) p. 52.

43. (p. 105) " On peut très bien se passer de suivre ce film tout juste moyen. C'est un mélodrame plein de rebondissements, mais au cours duquel l'auteur use et abuse des ficelles du genre. Il y a vraiment tout : la jeune fille pauvre épousant le garçon brillant, la belle-mère qui déteste sa bru (richesse oblige !), l'ami de la famille séduisant celle-ci (...), etc. Une seule consolation : la beauté sensuelle de Lana Turner." Frédéric Chassan, "Cinéma sur le petit écran : Madame X...", *Télé-Journal* (Paris, 6-12 août 1977, n° 141) p. 6.

44. (p. 106) "Mythe (...) A. Récit fabuleux, d'origine populaire et non réfléchie, dans lequel des agents impersonnels, le plus souvent des forces de la nature, sont représentés sous forme d'êtres personnels, dont les actions ou les aventures ont un sens symbolique. "Les mythes solaires.- Les mythes du printemps." Se dit aussi des récits fabuleux, qui tendent à expliquer les caractères de ce qui est actuellement donné : "Le mythe de l'Age d'or, du Paradis perdu." B. Exposition d'une idée ou d'une doctrine sous une forme volontairement poétique ou narrative, où l'imagination se donne carrière, et mêle ses fantaisies aux vérités sous-jacentes. "Le mythe de la Caverne." (...) C. Image d'un avenir fictif (et même le plus souvent irréalisable) qui exprime les sentiments d'une collectivité et sert à entraîner l'action.- Cette acception a été créée par Georges Sorel, dans *l'Introduction à ses*

Reflexions sur la violence (1907). "Les mythes héroïques." -"Le mythe de la grève générale." - "On peut parler indéfiniment de révolte sans provoquer jamais aucun mouvement révolutionnaire, tant qu'il n'y a pas de mythes acceptés par les masses." Ibid., p.45." André Lalande, *Vocabulaire technique et critique de la philosophie* (Paris, Presses Universitaires de France, 1956) p.665.

"Mythe : récit légendaire ou symbolique, dont les événements se rapportent soit à un temps extrêmement reculé et antérieur à toute histoire, soit à un temps complètement indéterminé, ou soit en dehors de tous les temps. Ce qui, dans le mythe, est objet de croyance, c'est moins l'événement lui-même que l'idée, difficilement saisissable en son abstraction, qu'il symbolise.- Platon expose sous la forme de mythes les parties de sa doctrine qui ne peuvent être formulées avec précision, ni démontrées dialectiquement, ni tenues pour certaines." Edmond Goblot, *Le Vocabulaire philosophique* (Paris, Armand Colin, 1917) p.495.

En nous inspirant de ces deux auteurs, nous définissons,pour notre part,le mythe : représentation mentale qu'exprime un récit fabuleux, légendaire et/ou historique véhiculé par une représentation matérielle à support verbal, rituel et/ou figuratif. De même distinguerons-nous, parmi les supports, les rites proprement dits, c'est-à-dire les rites cycliques (d'ordre efficace ou commémoratif) et les aspects rituels, cycliques ou non cycliques, de la vie quotidienne. C'est de ces aspects qu'il s'agit dans le film sous examen (*Madame X...*). Il se peut que la part de la créativité y paraisse des plus faibles (y compris dans le cas où l'on accepte le genre mélodramatique) non seulement pour ce qui est de la création innovatrice, mais même pour ce qui est de la création régénératrice. Il reste, du moins, que la séquence évoquée constitue, pour le scénographe, un bon exemple de la manière dont le réalisateur peut tirer parti des ficelles du métier pour mettre conjointement l'accent sur le montré et l'exprimé, en privilégiant, dans l'interpellation, l'ordre du mythe.

45. (p. 107) "*Monicelli* : (...) Je dois dire que Magnani avait absolument horreur que Totò passe derrière elle. Elle savait ce qu'il faisait et que, donc, c'était Totò que le public regardait et pas elle." Entretien avec Mario Monicelli, réalisé par Jean-Louis Comolli et François Gère, in *Cahiers du Cinéma*, mars 1979, n° 298, p. 14.

46. (p. 108) "La récognition diffère de la reconnaissance. La reconnaissance du souvenir consiste à juger qu'un état de conscience présent est le retour d'un état intérieur. La récognition consiste à juger qu'un objet perçu est de telle nature connue, à reconnaître dans une figure donnée un triangle, dans une perception visuelle la couleur rouge, dans un groupe de deux sons l'intervalle d'un octave,etc.."

Edmond Goblot, *Le Vocabulaire philosophique* (Paris, Armand Colin, 1917).

"*Reconnaître* (sens B) : Subsumer un objet de pensée sous une idée générale. Cf. Récognition. On dit, en ce sens, "reconnaître pour tel". (...)

Récognition (sens A) : Acte de l'esprit par lequel une représentation est subsumée sous un concept (par exemple une lumière est reconnue pour un éclair). Cf. Reconnaître, B. (...) *Subsumer* : penser un individu comme compris dans une espèce, ou une espèce comme comprise dans un genre ; considérer un fait comme l'application d'une loi." André Lalande, *Vocabulaire technique et critique de la philosophie* (Paris, Presses Universitaires de France, 1956).

47. (p. 109) "Dans certains codes psychanalytiques susceptibles de jouer un rôle à l'écran, et dont on a évoqué un bref exemple au chapitre précédent, l'unité pertinente est de l'ordre de grandeur de l'objet-filmé. Il en va de même avec les codes de nominations iconiques : nous appellerons ainsi les systèmes de correspondances entre traits pertinents iconiques et traits pertinents sémantiques des langues, qui permettent aux spectateurs des films, par ailleurs usagers de tel ou tel idiome, d'identifier les figures visuelles reconnaissables et récurrentes, et de leur appliquer un nom tiré de la langue : il suffit au spectateur francophone d'apercevoir à l'écran un quadrupède à course rapide et à pelage rayé pour penser "zèbre", sans avoir besoin de plus amples informations visuelles ; la reconnaissance ne s'opère pas d'après l'ensemble de l'image, mais d'après les seuls traits pertinents du signifiant iconique, qui correspondent à leur tour aux traits pertinents du signifié linguistique (voir à ce sujet les analyses d'A.Julien Greimas d'une part, d'Umberto Eco d'autre part). Ici encore, l'unité pertinente est de l'ordre de grandeur de l'objet, ou plus exactement, on a un système à deux paliers intégrés (= deux articulations), dans lequel la grande unité pertinente est l'objet nommable - le zèbre -, et la petite le trait de reconnaissance iconique (les rayures du pelage, etc.). Ces unités, qu'il s'agisse de l'objet nommable ou de sa partie pertinente, sont de petite taille par rapport à la surface totale du film." Christian Metz, *Langage et cinéma* (Paris, Larousse, 1971, Langue et langage) p. 150.

48. (p. 109) "Les photographies, et en particulier les photographies instantanées, sont très instructives parce que nous savons qu'à certains égards elles ressemblent exactement aux objets qu'elles représentent. Mais cette ressemblance est due aux photographies qui ont été produites dans des circonstances telles qu'elles étaient physiquement forcées de correspondre point par point à la nature. De ce point de vue, donc, elles appartiennent à la seconde classe des

signes : les signes par connexion physique." Charles Sanders Peirce, *Ecrits sur le signe* (Paris, Seuil, 1978, L'ordre philosophique) p. 151.

49. (p. 109) "Les forgerons qui semblaient en chair et en os se livrèrent ensuite à leur métier. On voyait le fer rougir au feu, s'allonger au fur et à mesure qu'ils le battaient, produire quand ils le plongeaient dans l'eau un nuage de vapeur qui s'élevait lentement dans l'air et qu'un coup de vent venait chasser tout à coup. C'était, selon le mot de Fontenelle "la nature même prise sur le fait"." Georges Sadoul, *Histoire générale du cinéma, T. I : L'Invention du cinéma* , (Paris, Denoël, 1973) pp. 285-286.

50. (p. 109) Pour ce qui est des jeux de lumière, cet effet résulte en grande partie du montage diachronique discontinu. Habitué à l'éclairage diurne des plans précédents, qui montrent notamment les couloirs du château, le spectateur se trouve ensuite dans la difficulté de discerner d'emblée ce qui est montré dans une semi-pénombre.

51. (p. 110) Situant dans l'histoire du cinéma l'apparition des procédés de ce genre, Barthélémy Amengual écrit : "Ce fut le moment où le cinéma éprouva le besoin de se donner quelques images-signes, *propositions abstraites* dont la *signification transparente* (souligné par nous, X.F.) permît d'articuler les déplacements du récit dans le temps. Alors naquirent les calendriers qui s'effeuillent seuls, les arbres qui se dépouillent de leurs feuilles et refleurissent. La bougie qui se consume instantanément, une table servie aussitôt desservie...." Barthélémy Amengual, *Clefs pour le cinéma* (Paris, Seghers, 1971, Collection Clefs) p.79.
De même Edgar Morin fait-il remarquer : "Par-delà le fondu, l'enchaîné et la surimpression, on pourrait dresser un catalogue des symboles *desséchés* en signes (souligné par nous, X.F.) sous l'effet abrasif de la répétition : le bouquet qui se flétrit, les feuilles de calendrier qui s'envolent, les aiguilles d'une montre qui tournent à toute vitesse, l'accumulation de mégots dans un cendrier, toutes ces figurations qui compriment la durée sont devenues symboles, puis signes du temps qui passe." Edgar Morin, *Le Cinéma ou l'homme imaginaire* (Paris, Editions de Minuit, 1978, Collection Arguments) pp 177-178.

52. (p. 111) Erwin Panofsky, *L'Œeuvre d'art et ses significations, essai sur les arts visuels*, trad. fr. de Bernard Teyssèdre (Paris Gallimard, 1969, Bibliothèque des Sciences humaines) p.41.

53. (p. 111) "Est "expérimental" tout film où les préoccupations formelles sont au poste de commande : ainsi pourrait-on formuler d'emblée ce

second critère. On entend par "préoccupation formelle" tout souci lié à l'apparence sensible ou à la structure de l'œuvre, compte non tenu du sens qu'elle véhicule." Dominique Noguez, *Eloge du cinéma expérimental* (Paris, Musée d'Art Moderne Centre Georges Pompidou, 1979) p. 15.

54. (p. 111) "Il faut d'abord se rendre compte qu'une séance de cinéma se déroule suivant un rituel socialement organisé : on éteint au début du film, on rallume à la fin, etc..." Pierre Sorlin, *Sociologie du cinéma* (Paris, Aubier Montaigne, 1977, Collection historique) p. 63.

55. (p. 114) "Pendant de longues années (...) le film muet qui fut considéré comme le plus significatif quant à l'espace "off", fut *Variétés* d'un certain Dupont. Pourquoi ? Parce que pendant une scène de bagarre, devenue rapidement célèbre, Jannings et son ennemi roulent par terre, laissant le champ momentanément vide, puis qu'une main tenant un couteau rentre dans le champ par le bas avant de se replonger hors du cadre pour porter le coup mortel. Enfin, Jannings se dresse seul dans le champ... et plusieurs générations d'historiens du cinéma d'applaudir cette "magnifique pudeur". Et dès lors, l'utilisation de l'espace "off" est devenue une sorte de litote, une façon de suggérer des choses dont on jugeait qu'il était trop facile simplement de les montrer." Noël Burch, *Praxis du cinéma* (Paris, Gallimard, 1969, Collection Le Chemin) p. 40.

56. (p. 119) "La tragédie nous donne la terreur et la pitié que nous aimons et leur ôte ce degré excessif ou ce mélange d'horreur que nous n'aimons pas. Elle allège l'impression ou la réduit au degré et à l'espèce où elle n'est plus qu'un plaisir sans mélange de peine, χαρὰν ἄβλαβῆ parce que malgré l'illusion du théâtre, à quelque degré qu'on la suppose, l'artifice perce et nous console quand l'image nous afflige, nous rassure quand l'image nous effraie..." Batteux, Les Quatre poétiques, Paris, 1771, cité par J. Hardy in Aristote, *Poétique* (Paris, Les Belles Lettres, 1969) p. 21.

"La peur au cinéma est une émotion épurée de ses composantes toxiques, c'est la *catharsis de la peur*. Nous avons dit que la perception du film se réalise dans l'intimité d'une conscience qui sait que l'image n'est pas la vie courante ; les mécanismes de perception objective sont en mouvement, mais ils ne sont pas placés sur l'arbre de transmission moteur. Ils tournent au point mort, pas à vide, mais ils transforment leur énergie en chaleur affective. La vision esthétique est celle d'une conscience dédoublée, informée et sceptique à la fois. Ainsi le scepticisme qui *réalise* le film lui confère toutes les rationalisations de la perception, intériorise les réponses au lieu de les extérioriser par des actes. C'est pourquoi la peur au cinéma est un exorcisme, un acte qui dégage la conscience de ses fantômes en même temps qu'elle les apaise au moyen d'une structure qui, avec l'image et le mouvement, en devient la garantie fallacieuse et objective." Enrico Fulchignoni, *La Civilisation de l'image* , trad.fr.par Giuseppe Crescensi (Paris, Payot, Bibliothèque scientifique) p. 110.

57. (p. 122) Colette, *Ces plaisirs*, Oeuvres Complètes, T. 1-15 (Paris, Flammarion, 1948-1950, In-8°).

58. (p. 123) "Des critères esthétiques ne peuvent suffire à nous indiquer si un film est ou n'est pas didactique. Ce n'est pas parce que le film sera une œuvre d'art que l'effet pédagogique escompté par le réalisateur sera atteint."

"(...) La diffusion de films super 8 ou 16mm, organisée dans le cadre d'un village ou d'une commune, donne aux agriculteurs, à l'inverse d'une diffusion à la télévision, une occasion de se réunir et suscite, probablement pour cette raison, un vif intérêt. Cette situation permet d'inscrire le propos du destinateur dans le groupe social qui est largement responsable du comportement du destinataire. Les spectateurs entament généralement très rapidement une discussion sur les problèmes qui ont été abordés dans le film parce que, dès lors qu'ils ont affirmé que leur situation est largement ou partiellement différente de celles qui leur ont été montrées, ils peuvent engager un débat sur son thème sans chercher à se justifier vis-à-vis de la société globale. Le film est très vite oublié, s'il ne reproduit pas les stéréotypes dominants, car la référence n'est plus, comme avec la télévision, la société globale, mais le groupe social restreint auxquels appartiennent les spectateurs. Ainsi Noël Burch relate, dans les Cahiers de l'IFOREP, une projection organisée par T.P.R. (Télé-Promotion Rurale) Rhône-Alpes-Auvergne en nous faisant part de son étonnement devant ce processus : "Au lieu, comme cela n'arrive que trop souvent, de discuter longuement de la valeur, la qualité, la justesse, etc., du produit qu'il vient de voir, le public s'est mis, dans la quasi-totalité des cas, à discuter immédiatement du fond, à savoir du problème soulevé par le film... ce qui, bien entendu, est le seul but de l'opération. Pourquoi cette réussite avec un produit apparemment si frustre, devant un public habitué à la perfection professionnelle des émissions de la télévision ?" (Noël Burch, in *Les cahiers de l'IFOREP*, mai 1979, n° 19, p. 36)". Thierry Dehesdin, *L'Utilisation du film comme support pédagogique en milieu rural* (Nanterre, Thèse de doctorat de 3° cycle de sociologie rurale, Université de Paris X) pp. 64 et 214.

59. (p. 132) "L'important, dans un dialogue de cinéma, c'est la voix ; on ne peut pas, dans un roman, écrire la voix humaine. Dans un film, la voix

a presque plus d'importance que ce qu'elle dit." Alain Robbe-Grillet, extrait d'une déclaration publiée dans *France-Observateur* en date du 18 mai 1961.

60. (p. 132) "L'audace du judaïsme tient en quelques prépositions : le transcendant n'est accessible qu'au moyen de l'immanent ; l'universel ne se conquiert qu'à travers le particulier ; si la lettre tue, si l'esprit vivifie, seul l'esprit de la lettre fait vivre l'esprit." Henry Duméry, *Phénoménologie et religion,structures de l'institution chrétienne*, p. 29.

Il convient de rappeler ici que chez les peuples de tradition orale ce sont la versification et les formules toutes faites qui remplissent la fonction assignée à la lettre dans les sociétés de culture écrite.

61. (p. 133) Térence, *Comédies*, II, trad. fr. par Emile Chambry (Paris, Garnier, 1948, Collection Classiques Garnier).

62. (p. 134) Cf. Karl-Otto Apel, *Die Erklaren : Verstahen-Kontroverse in transzendenthal-pragmatischer Sicht* (Suhrkamp Verlag, Francfort, 1979, 356 p.).

63. (p. 137) Anne-Marie Pessis, *Modalités du film d'exploration en sciences sociales* (Nanterre, Thèse de doctorat de 3° cycle de Cinématographie, Université de Paris X, 1980) pp. 135-176.

64. (p. 137) Ainsi peut-on mentionner le syntagme en accolade que Christian Metz définit "... une série de brèves scènettes représentant des événements que le film donne comme des échantillons typiques d'un même ordre de réalités, en s'abstenant délibérément de les situer les uns par rapport aux autres dans le temps... pour insister au contraire sur leur parenté supposée au sein d'*une catégorie de faits* (souligné par l'auteur cité) que le cinéaste a précisément pour but de définir et de rendre sensible par des moyens visuels. Aucune de ces évocations n'est traitée avec toute l'ampleur syntagmatique à laquelle elle aurait pu prétendre (= système d'allusions) ; c'est leur ensemble, et non chacune d'elles, qui est pris en compte dans le film, qui est commutable avec une séquence plus ordinaire, et qui constitue donc un segment autonome (il y a là un équivalent filmique balbutiant de la conceptualisation ou de la catégorisation). Exemple : les évocations érotiques initiales dans *Une femme mariée* (Jean-Luc Godard, 1964), esquisse par variations et répétitions partielles d'un signifié global comme "amour moderne" ; ou encore, les évocations successives de destructions, de bombardements et de deuils au début de *Quelque part en Europe* (Geza Radvanyi, 1947), illustration exemplaire de l'idée "les

malheurs de la guerre". Christian Metz, *Essais sur la signification au cinéma*, I (Paris, Klinck-sieck, 1968) pp. 127-128.

65. (p. 141) En un autre emploi, tout aussi familier, mais quelque peu différent, cinéma devient synonyme de mise en scène. Il s'agit de l'expression : "arrête ton cinéma". Il y revêt une acception, sinon franchement péjorative, du moins porteuse, quel que soit le contexte, d'une nuance de reproche. Pour la même acception existe aussi, en français, l'expression : "arrête ton cirque", tandis que le polonais utilise operetka, mot qui signifie, au sens propre, opérette.

66. (p. 141) Ainsi peut-on citer "tralala" que le petit dictionnaire de Robert définit : "luxe recherché et voyant", et dont il signale un emploi dans le Journal de Goncourt (22 juillet 1867), T. III, p. 110) donné in extenso par le grand Robert : "Aujourd'hui les Deslisle, les Chevreux-Aubertot ont des châteaux, avec le luxe, la chasse, tout le tra la la de l'aristocratie."
Peu après la rédaction du début de cette note à propos du premier Conseil des Ministres du septennat du Président François Mitterrand, le terme a été utilisé par un journal du matin et repris notamment durant la revue de presse de la deuxième chaîne de télévision. Il s'agit du journal *Le Quotidien de Paris* du jeudi 28 mai 1981, qui a pour gros titre à la une : "Le style Mauroy : Blum sans tralala".

67. (p. 142) Ici apparaît l'une des fonctions qu'exerce le cinéma comme agent de l'histoire, selon l'expression de Marc Ferro : "(...) lorsque le cinéma devient un art, ses pionniers interviennent dans l'histoire avec des films, documentaires ou de fiction, qui, dès leur origine, sous couvert de représentation, endoctrinent et glorifient. En Angleterre, ils montrent essentiellement la reine, son empire, sa flotte ; en France, ils choisissent de filmer les créations de la bourgeoisie montante : un train, une exposition, les institutions républicaines." Marc Ferro, *Cinéma et histoire* (Paris, Denoël-Gonthier, 1977, Bibliothèque Médiations) p. 11.

LEXIQUE

AMBIANCE : qualité caractérisant l'ensemble des composantes d'un milieu : êtres et choses, faits et gestes, situations et événements ; et qui résulte de l'effet conjoint des supports d'appréhension (traits d'identification, indices, signes arbitraires, symboles) par lesquels ces divers éléments se manifestent. Reproduisant durée et mouvement, le cinéma permet de restituer les variations de cet effet global et diffus qui conditionne le comportement, tout comme il oriente l'attention de l'observateur.

ANALYSE RÉPÉTÉE DE L'IMAGE : méthode d'observation permettant de pallier le fait que d'un spectateur à l'autre, ou d'un examen à l'autre chez le même spectateur, ce ne sont jamais tout à fait les mêmes éléments qui retiennent l'attention.

ARRÊT : mode d'enregistrement du cinéaste consistant dans le maintien d'une position immobile dans l'espace (maintien de la distance et de l'orientation par rapport à ce qu'il filme) ou dans le temps (instantané). Cette notion a notamment pour avantage de mettre l'accent sur le mode d'effection motrice qui, au cours du procès d'observation, sous-tend la production de ce qui, sur l'écran, devient un plan fixe (Claudine de France).

AUTO-MISE EN SCÈNE : notion essentielle en cinématographie documentaire, qui désigne les diverses manières dont le procès observé se présente de lui-même au cinéaste dans l'espace et dans le temps. Il s'agit d'une mise en scène propre, autonome, en vertu de laquelle les personnes filmées montrent de façon plus ou moins ostensible, ou dissimulent à autrui, leurs actes et les choses qui les entourent, au cours des activités corporelles, matérielles et rituelles. L'auto-mise en scène est inhérente à tout procès observé ; aussi ne doit-elle pas être confondue avec l'auto-soulignement, qui n'en est qu'une forme particulière (Claudine de France).

AUTO-SOULIGNEMENT : modalité particulière d'auto-mise en scène du procès observé, ou présenté, en vertu de laquelle certains de ses aspects ou certaines de ses phases se mettent en valeur d'eux-mêmes de façon ostensible et souvent prévisible, attirant ainsi l'attention du cinéaste et pouvant servir de guide à sa mise en scène. L'auto-soulignement, qui est le fait du procès observé, s'oppose au soulignement proprement dit, qui relève du procès d'observation et de présentation, autrement dit, de la mise en scène du cinéaste (Claudine de France).

CHAMP : espace délimité par l'appareil d'enregistrement. Il comprend : le champ géométrique , déterminé par les caractéristiques de la caméra (champ visuel) et du magnétophone (champ sonore) ; le champ sensible, formé par l'ensemble des objets dont le spectateur peut appréhender les manifestations visuelles ou sonores (Cf. point de vue et poste d'observation).

CHAMP SONORE : espace délimité par le microphone. Le champ sonore géométrique prend une forme sphérique (micro omnidirectionnel) ou conique (micro directionnel). Le champ sonore sensible prend une forme variable, les sons émis par certaines sources placées dans le champ sonore géométrique pouvant être étouffés ou du moins réduits par des obstacles.

CHAMP VISUEL : espace délimité par l'objectif de la caméra. Le champ visuel géométrique a la forme d'une pyramide tronquée au niveau du cadre de l'image. Le champ visuel sensible a une forme variable, certains aspects ou objets pouvant se trouver dans le champ visuel géométrique sans pour autant figurer dans le champ visuel sensible du fait qu'ils sont masqués par des obstacles.

DÉLIMITATION : opération du cinéaste en vertu de laquelle il montre au spectateur certaines parties, aspects et phases du procès observé par le choix des cadrages, des angles de vue (délimitation spatiale), et de la durée d'enregistrement (délimitation temporelle). Les manifestations visuelles et sonores délimitées par l'image (contenu délimité, dans le champ) s'opposent aux manifestations non délimitées passées, présentes ou à venir (contenu occulté, hors champ), simplement évoquées (Claudine de France).

ESTOMPAGE (voir SOULIGNEMENT)

EXPRIMÉ NON MONTRABLE : réalité que l'on ne peut soumettre concrètement à l'examen et que seuls certains supports d'appréhension (indices, signes arbitraires, symboles) permettent d'offrir à l'attention d'un observateur (Cf. montré et montrable suggéré).

FIL CONDUCTEUR : série de traits d'identification, indices et autres supports d'appréhension permettant d'établir un lien entre les divers aspects d'une réalité faisant l'objet d'un examen ou d'une représentation.

INDICE : caractère d'une réalité sensible présente ou matériellement représentée laissant envisager l'existence d'un autre caractère, ou d'une autre réalité non nécessairement présente ou matériellement représentée, et dont il paraît constituer l'une des manifestations indirectes.

MONTRABLE SUGGÉRÉ : réalité sensible qu'il est possible de soumettre concrètement à l'examen d'un observateur et dont l'absence est compensée par la présence, réelle ou fictive, d'autres réalités sensibles dont les traits d'identification lui servent d'expression (Cf. montré et exprimé non montrable).

MONTRÉ : réalité sensible concrètement offerte à l'attention d'un observateur. Cette exposition, ou montre, s'effectue, soit d'une manière directe et réelle, par présentation pure et simple, dans l'expérience sensihle ordinaire (montré immédiat), soit d'une manière indirecte et fictive, bien que concrète, par représentation matérielle, dans l'expérience sensible artificielle (montré différé). S'il s'agit d'une représentation matérielle, la montre peut résulter d'une figuration reconstitutive, comme en peinture et gravure, ou d'une figuration reproductive, comme en photographie et cinéma. Dans le montré immédiat, figurant et figuré se confondent, dans le montré différé, le figurant présent se distingue du figuré absent mais concrètement représenté.

MONTRÉ SENSORIEL ET MONTRÉ PERCEPTIF : chez le destinataire de la montre, la réalité montrée peut faire l'objet selon les cas, d'une simple inspection limitée au constat de quelques caractères sensibles (montré sensoriel) ou d'une reconnaissance pour laquelle certains de ces caractères servent de traits d'identification (montré perceptif).

NIVEAU MACROSCÉNOGRAPHIQUE : niveau d'analyse constitué par les rapports qui s'établissent entre les éléments d'une mise en scène et dont la considération requiert la référence à l'ensemble (Cf. niveau microscénographique).

NIVEAU MICROSCÉNOGRAPHIQUE : niveau d'analyse constitué par les rapports qui s'établissent de proche en proche entre les éléments d'une mise en scène.

POINT DE VUE : position du spectateur par rapport à l'espace mis en scène, telle que la définissent l'aspect sous lequel apparaît l'objet pris comme référence (face, dos, profil, etc.) et la distance à laquelle cet objet paraît se trouver (Cf.champ et poste d'observation). Ainsi le point de vue dépend de la double activité du cinéaste et des êtres filmés qu'il s'agisse de l'angle ou du cadrage. En effet l'aspect montré dépend de l'orientation réciproque et les parties montrées de la distance (Jane Guéronnet).

POSTE D'OBSERVATION : position à partir de laquelle s'effectue l'enregistrement, et qui peut demeurer constante tandis que varient : le point de vue, en raison par exemple d'une rotation autonome de l'objet filmé ; et le champ, notamment du fait d'une modification du cadre obtenue par une rotation panoramique (Jane Guéronnet).

PRÉSENTATION MATÉRIELLE : action d'exposer à un observateur, d'une manière réelle et immédiate, comme dans l'observation directe, ou fictive et indirecte, comme en cinématographie, les manifestations sensibles de réalités matérielles. Il peut s'agir d'une présentation unisensorielle, comme en radiophonie, bisensorielle, comme en télévision, plurisensorielle, comme en gastronomie. Cette exposition permet, outre la reconnaissance des réalités considérées, telle qu'elle s'effectue à partir des traits d'identification dont elles sont porteuses, l'appréhension indirecte de réalités non montrées ou non montrables, les traits d'identification pouvant servir de support d'expression de l'ordre de l'indice, du signe arbitraire ou du symbole.

RÉALITÉ SENSIBLE : réalité caractérisée par des manifestations matérielles qui lui sont propres et qui peuvent être montrées à tout observateur.

REGISTRE : dispositif permettant de garder la trace d'un ensemble d'éléments (registre mnémotechnique) ; ensemble ou partie des éléments d'un dispositif d'action, de présentation ou de représentation matérielles (registre technique, registre scénique).

REPRÉSENTATION MATÉRIELLE : représentation d'un objet absent montré d'une façon fictive mais concrète, permettant l'observation différée soit par une figuration reconstitutive plus ou moins stylisée comme en peinture, gravure, sculpture, etc., soit par une figuration reproductive plus ou moins fidèle comme en phonographie, photographie et cinéma.

RYTHME : distribution des éléments d'un déroulement (rythme temporel) ou d'un déploiement (rythme spatial).

SAUT : moment d'interruption de l'enregistrement filmique d'où résulte une présentation discontinue du procès observé, dans l'espace (passage brusque d'un lieu à un autre) et/ou dans le temps (passage brusque d'une phase de l'action à une autre, ou ellipse). Procédé de fiction élémentaire par lequel l'observation cinématographique se distingue radicalement de l'observation directe (Claudine de France).

SCÉNOGRAPHIE : discipline ayant pour objet la pratique et l'étude de la perspective dans les représentations matérielles ; discipline concernant la conception et la construction des décors artificiels de théâtre et de cinéma.

SCÉNOGRAPHIE GÉNÉRALE : discipline étudiant la manière de présenter, de se présenter et de se prêter à la présentation chez les êtres vivants. Est de son ressort toute activité ayant pour but, ou simplement pour résultat, de montrer quelque réalité sensible à quelque observateur. Quand il s'agit du cinéma, on a d'une part, la présentation à des fins non scientifiques, où tout est sacrifié à l'effet recherché, et, d'autre part, la présentation à des fins scientifiques, où tout est sacrifié à la valeur documentaire.

SIGNE : caractère d'une réalité sensible actuellement perçu et rattaché par habitude individuelle ou collective (tradition orale, culture écrite, etc.) à quelque autre caractère ou réalité. Cf. Leibniz : "*Signum* est quod nunc sentimus (percipimus) et alioquin cum aliquo connexum esse ex priore experientia nostra vel alinea judicamus" (Est signe ce que nous sentons (percevons) actuellement et que nous jugeons en outre relié à autre chose grâce à notre expérience passée ou à celle d'autrui) Sämtliche Schrifter und Briefe, VI, ii, 500.

SIGNE ARBITRAIRE : signe fondé sur un rapport quelconque, non nécessairement analogique, entre expression et contenu.

SOULIGNEMENT, ESTOMPAGE : le soulignement désigne l'ensemble des procédés de mise en scène par lesquels le cinéaste tente d'attirer l'attention du spectateur sur certains des éléments du procès délimités par l'image, par leur mise en avant-plan, leur présentation répétée, etc. A l'opposé, l'estompage, dont le terme est emprunté au vocabulaire technique de l'art pictural, consiste à présenter de manière relativement effacée, floue, marginale ou trop brève, certains des éléments délimités par l'image, en sorte qu'ils passent souvent inaperçus du spectateur (Claudine de France).

SUPPORT D'APPRÉHENSION : élément du montré portant à l'attention de l'observateur une quelconque réalité, sensible ou non sensible, montrée ou non montrée. Il peut s'agir d'un trait d'identification, d'un indice, d'un signe arbitraire, d'un symbole, etc.

SYMBOLE MOTIVÉ : signe fondé sur un rapport nécessairement analogique entre expression et contenu.

TECHNIQUES DU GESTE : moyens d'appréhension et de représentation du sensible caractérisés par la fluence d'une partie au moins de leurs manifestations. Leur support peut être fugace, comme dans l'appréhension directe, la parole et divers spectacles, ou persistant, comme en phonographie et cinématographie, qui constituent également des techniques de la trace.

TECHNIQUES DE LA TRACE : moyens d'appréhension et de représentation du sensible, caractérisés par la persistance du support et/ou le statisme des manifestations. Ainsi peut-on distinguer les techniques de la trace : à support fugace et manifestations statiques, telles que l'écriture sur le sable ; à support persistant et manifestations statiques, telles que l'écriture ordinaire, la peinture et la photographie ; à support persistant et manifestations fluentes, tels que la phonographie et le cinéma, qui font aussi partie des techniques du geste.

TRAJET : mode d'enregistrement du cinéaste consistant dans un déplacement continu dans l'espace, d'où résulte sur l'écran une variation progressive du cadrage et/ou de l'angle de vue sans solution de continuité. Cette notion présente l'intérêt, tout comme la notion d' "arrêt", de mettre en évidence l'effection motrice qui sous-tend la mise en scène du cinéaste. Mais de plus, elle permet d'insister sur le trait commun à tous les mouvements de caméra, que les techniciens du cinéma désignent par les termes de "panoramique", :"travelling", ou "pano-travelling" (Claudine de France).

VALEUR EXPRESSIVE DU MONTRÉ : caractère que revêt une réalité sensible montrée dans la mesure, jamais nulle, où elle renvoie l'observateur à autre chose qu'elle-même. Outre les classes logiques dans lesquelles cette réalité peut être rangée, il s'agit des réalités pour l'appréhension desquelles ses traits d'identificatien peuvent servir d'indice, de signe arbitraire ou de symbole. Ainsi peut être établie la loi de l'inséparabilité du montré et de l'exprimé, loi qui se manifeste au moins d'une façon négative par l'interrogation à quoi donne lieu l'examen de tout montré apparemment dépourvu de sens.

RÉSUMÉ

Si le cinéma semble destiné, lors de son invention, à
conserver le sensible éphémère, son développement fait
ressortir la manière dont il se prête aux artifices de la mise
en scène. La représentation matérielle mécanique des
apparences mouvantes permet en effet de tirer parti de leur
valeur expressive.

Ainsi l'activité du réalisateur a-t-elle pour double but de
montrer et d'exprimer. Plus précisément, elle porte à la fois
sur le montré, le montrable suggéré et le non montrable,
c'est-à-dire sur les trois types de contenus distingués par la
scénographie générale. Traitant de la manière dont sont
agencés les constituants des représentations matérielles,
cette discipline a pour objet la manière de présenter, de se
présenter et de se prêter à la présentation chez les êtres
vivants. Dans l'examen du cinéma, elle considère la relation
entre les contraintes naturelles, comme la loi de proportion
inverse ("plus on en met, moins il en passe") et les normes et
options d'ordre culturel comme le principe de retenue ("en
montrer moins pour en exprimer plus"). Pour un tel
examen, elle bénéficie du concours des diverses disciplines
intéréssées par la mise en scène comme la psychologie et les
sciences sociales, ainsi que les disciplines d'ordre

informatique, sémiotique ou herméneutique, dont les convergences débouchent sur une anthropologie des artifices.

Le principal artifice de la mise en scène cinématographique consiste en la simulation d'un milieu sensible où la position du spectateur peut alterner entre les diverses formes de l'arrêt et du trajet. Certaines d'entre elles n'ont pas d'équivalent dans la perception directe. C'est notamment le cas du trajet saltatoire dans l'espace et/ou dans le temps, et du trajet en zone figée, où les activités filmées sont immobilisées dans l'un des instants de leur développement. Aux fragments d'espace et de temps formant la scène du montré correspondent les phases de l'action et les aspects et parties des agents qui font l'objet d'une représentation matérielle. Ils ont pour pendant les phases, parties et aspects non montrés mais faisant l'objet d'une représentation indicielle.

Il s'agit du montrable suggéré, situé dans l'espace hors champ ou le temps hors plan, qui forment la scène de l'exprimé sensible non montré. Le passage d'une scène à l'autre est facilité par la coalescence des deux scènes, que fondent les rapports de correspondance nécessaire ou probable entre termes montrés et non montrés. Le réalisateur facilite leur établissement par une mise en scène permettant l'identification, de proche en proche, au niveau microscénographique, pour chaque terme montré, du type général dont il fait partie, et, par là même, du type de ses correspondants connus avant la projection du film. Caractérisant le montrable immédiatement suggéré, ces rapports se distinguent de ceux dont l'établissement dépend des particularités précédemment connues par le film, grâce à la construction d'ensemble dont il fait l'objet au niveau macroscénographique, et qui caractérisent le montrable indirectement suggéré.

En l'absence de fil conducteur reliant de proche en proche les fragments retenus, le montré l'emporte, au niveau microscénographique, sur l'exprimé, et la mise en scène prend la forme de la monstration en vrac. Dans le cas contraire, il y a codominance du montré et de l'exprimé, si la mise en scène consiste en la description détaillée par quoi se définit la monstration suivie ; et prédominance de l'exprimé, si la mise en scène se limite à des amorces descriptives excédant nettement le temps d'identification, comme dans la monstration-prétexte, excédant tout juste ce temps ou s'y réduisant comme dans la monstration-tremplin.

L'équilibre entre le montré et l'exprimé est également déterminé par la concurrence entre fils conducteurs. Il peut s'agir notamment d'une codominance négative, par obstruction réciproque, comme dans le cas de divergence entre commentaire et registres non verbaux, ou positive, la concurrence l'emportant sur la complémentarité, comme dans la codominance par compromis, ou inversement, comme dans la codominance par convergence. D'autre part, si le niveau macroscénographique se caractérise, pour le spectateur, dans tous les cas, par la prédominance globale de l'exprimé, cette prédominance s'accompagne, chez le réalisateur, de la priorité pragmatique accordée au montré, la négligence des lois scénographiques pouvant susciter chez le spectateur des interprétations non prévues dans le plan de réalisation.

Dans l'élaboration du simulacre cinématographique, la priorité pragmatique accordée au montré se caractérise notamment par la prise en compte de l'inévitable soumission du spectateur au temps d'appréhension qui détermine la simulation obligée de l'appréhension directe. Le réalisateur demeure cependant libre d'en choisir les modalités, comme c'est le cas pour l'insertion intensive ou extensive du spectateur dans le milieu filmé. Il en va de même pour le degré de simulation de l'expression verbale par l'expression filmique non verbale. D'une part, l'ordre d'exposition filmique peut comporter la juxtaposition d'éléments que l'appréhension directe ne permet pas de rapprocher. D'autre part, la linéarisation filmique imite la linéarité verbale dans les limites déterminées par les contraintes d'encombrement.

La double référence à l'appréhension directe et à l'expression verbale se manifeste clairement dans la formule : "film écrit et réalisé par...", et se caractérise, dans la pratique, par une emprise plus ou moins forte de l'imaginaire verbal. Bénéficiant dans tous les cas d'une priorité chronologique, cette emprise est toujours plus ou moins limitée du fait que le cinéma n'est pas seulement, par la persistance du support, une technique de la trace, comme écriture, sculpture, peinture, photographie. Il est aussi,par les manifestations fluentes, une technique du geste, comme parole, mime, danse, musique, rites, cérémonies, théâtre, opéra, cirque, etc. De ce fait, le réalisateur a beau préparer dans le détail la mise en scène , il n'est jamais pour autant garanti tout à fait contre les surprises de l'exécution. Entre le programme tracé dans le scénario et le programme effectivement honoré par les gestes de la mise en scène interviennent les trouvailles qu'inspire notamment la relation entre le réalisateur et les personnes filmées.

Cependant, la sollicitation du spectateur ne consiste pas dans la simple représentation des activités sensibles que l'on montre ou que l'on suggère. Représentation matérielle et représentation indicielle ont pour pendant les représentations conventionnelles de caractère arbitraire ou symbolique dont fait notamment l'objet le non montrable. Il s'agit, par exemple, des idées et des sentiments suscités par le fait que les activités représentées apparaissent comme des manières d'agir qu'il convient ou non d'imiter. A la portée descriptive de l'exhibition fait pendant, par là même, la portée prescriptive de l'interpellation. Soumise à des normes d'ordre ludique et rituel, cette double portée témoigne de la valeur exemplaire et de la fonction de parole que la sollicitation cinématographique permet d'attribuer aux activités représentées.

Ainsi, comme il conserve des actes, pour l'histoire, le sensible éphémère qui en est la première expression, le cinéma les fait entrer dans la légende en décuplant l'influence qu'ils ont sur l'avenir.

OUVRAGES CITÉS

AMENGUAL (Barthélémy)
- *Clefs pour le cinéma* (Paris, Seghers, 1971, Coll.Clefs, 208p.).

APEL (Karl-Otto)
- *Die Erklaren : Verstahen-Kontroverse in transzendenthal-pragmatischer Sicht* (Francfort, Suhrkamp Verlag, 1979, 356 p.).

BESSIERES (Irène)
- *Le Cinéma* (Paris, Librairie Larousse, 1979, Coll.Idéologies et Sociétés, 192 p.).

BURCH (Noël)
- *Praxis du cinéma* (Paris, Gallimard, 1969, Coll.Le Chemin, 255 p.).

CAYROL (Jean)
- Déclaration in *L'Arc* (1967), reproduite in *Cinéma 80* (Paris, Société E.T.C., juillet-août 1980, n° 259-260, pp. 11-12).

CHAMFORT
- *Maximes et pensées, caractères et anecdotes* (Paris, Garnier-Flammarion, 1968, 439 p.).

CHASSAN (Frédéric)
- "Cinéma sur le petit écran : Madame X...", *Télé-journal* (Paris, 6-12 août 1977, n° 141).

180   *Éléments de scénographie du cinéma*

COLETTE
- *Œuvres complètes* T. 1-15 (Paris, Flammarion, 1948-1950, 15 vol.).

COMOLLI (A.), FRANCE (C. de), GUERONNET (J.), HAUTREUX (F.), TERRES (D.), TROUARD-RIOLLE (H.)
- *Instruments et stratégies du film documentaire* (Nanterre, Prépublications de la Formation de Recherches Cinématographiques, Université de Paris X, 1980, FRC n° 2, 67 p.).

DEHESDIN (Thierry)
- *L'Utilisation du film comme support pédagogique en milieu rural* (Nanterre, Thèse de doctorat de 3ème cycle de Sociologie rurale, Université de Paris X, 1979, 297 p.).

DUBOIS (J.),.LAGANE (R.), NIOBEY (G.), CASALIS (D.), CASALIS (J.), MESCHONNIC (H.),
- *Dictionnaire du français contemporain* (Paris, Librairie Larousse, 1971).

DUMERY (Henri)
- *Phénoménologie et religion, structures de l'institution chrétienne* (Paris, Presses Universitaires de France, 1958, Coll.Initiation philosophique, 105 p.).

DURKHEIM (Emile)
- "Commentaire à l'article Société", in LALANDE (André) *Vocabulaire technique et critique de la philosophie* (Paris, Presses Universitaires de France, 1956).

EISENSTEIN (Sergeï Mikhaïlovitch) et NIJNY (Vladimir)
- *Mettre en scène*, trad.fr.par Jacques Aumont (Paris, Union Générale d'Editions, 1973, Coll. 10/18, 317 p.).

FERRO (Marc)
- *Cinéma et histoire* (Paris, Denoël-Gonthier, 1977, Bibl.Médiations, 168 p.).

FIESCHI (Jacques)
- "Carnets de voyage", *Cinématographe*, (Paris, mars-avril 1981, n° 66, pp.3-6).

FRANCE (Claudine de)
- "Formes élémentaires de l'enregistrement cinématographique", L'Homme, hier et aujourd'hui, recueil d'études en hommage à André Leroi-Gourhan (Paris, Editions Cujas, 1971, pp. 685-693).
- "Cinématographie des rites", *L'Ethnographie* (Paris, Gabalda, 1978, I, n° 76, pp. 6-34).
- "Corps, matière et rite dans le film ethnographique", *Pour une anthropologie visuelle* (Paris, Mouton et Ecole des Hautes Etudes

en Sciences Sociales, 1979, Coll.Cahiers de l'Homme, pp. 139-163).
- *Cinéma et anthropologie* (Paris, Editions de la Maison des Sciences de l'Homme, 1982, 400 p.).

FRANCE (Xavier de)
- "Modes d'enregistrement et de présentation en cinématographie", *Epistémologie sociologique* (Paris, Anthropos, juin-juillet 1970, n° 9, pp. 23-56).

FULGHIGNONI (Enrico)
- *La civilisation de l'image*, trad.fr.par Giuseppe Crescensi (Paris, Payot,1969, Bibl. scientifique, 303 p.).

GIDE (André)
- *Journal. Souvenirs.* I-II (Paris, Gallimard, 1960, Bibl. de la Pléiade, 2 vol.).

GIRAUD (Jean)
- *Le Lexique français du cinéma des origines à 1930* (Paris, Centre National de la Recherche Scientifique,1958, 263 p.).

GOBLOT (Edmond)
- *Le Vocabulaire philosophique* (Paris, Armand Colin, 1917).

GODARD (Jean-Luc)
- Entretien in *Cinématographe* (Paris, mars-avril 1981, n° 66, pp. 7-11).

GOFFMAN (Erving)
- *La Mise en scène de la vie quotidienne*, I. trad.fr.par Alain Accardo (Paris, Editions de Minuit, 1973, Coll.Le sens commun, 251 p.).

GOIMARD (Jacques)
- "Le Mot et la chose", *Les Cahiers de la Cinémathèque*, Pour une histoire du mélodrame au cinéma (Perpignan, Association Les Cahiers de la Cinémathèque,1979, n° 28, pp. 17-65).

GRIAULE (Marcel)
- *Méthode de l'ethnographie* (Paris, Presses Universitaires de France,1957, 108 p.).

GRUAULT (Jean)
- Entretien in *Cinéma 80* (Paris, Société E.T.C., juillet-août 1980, n° 259-260, pp. 7-9).

GUIDON (Niède)
- *Peintures rupestres de Varzea Grande, Piaui, Brésil* (Paris, Ecole des Hautes Etudes en Sciences Sociales, 1975, Cahiers d'Archéologie d'Amérique du Sud, n° 3, 174 p.).

- *Peintures rupestres de Varzea Grande, Piaui, Brésil,* 2ème partie (Paris, Institut d'Ethnologie, 1978, Coll.Archives et Documents, p.10, micro-fiche n° 1).

HARDY (J.)
- "Introduction" in ARISTOTE, *Poétique* (Paris, Les Belles Lettres, 1969, 99 p.).

HAWKS (Howard)
- Entretien in *Cahiers du Cinéma* (février 1956, n° 56), reproduit in *La Politique des auteurs* (Paris, Champ libre, 1972, pp. 122-140).

HITCHCOCK (Alfred)
- Entretien in *Cahiers du Cinéma* (février 1955, n° 44), reproduit in *La Politique des auteurs* (Paris, Champ libre, 1972, pp. 143-165).

LALANDE (André)
- *Vocabulaire technique et critique de la philosophie* (Paris, Presses Universitaires de France, 1956).

LEROI-GOURHAN (André)
- *Le Geste et la parole,* I. Technique et langage (Paris, Albin Michel,1964, Coll. Sciences d'aujourd'hui, 323 p.) ; II. La Mémoire et les rythmes (Paris, Albin Michel, 1965, Coll. Sciences d'aujourd'hui,285 p.).

METZ (Christian)
- *Essais sur la signification au cinéma,* I.(Paris, Klincksieck, 1968, 246 p.).
- *Langage et Cinéma* (Paris, Larousse, 1971, Coll. Langue et langage, 224 p.).

MOLIERE
- *Les femmes savantes.*

MOLNAR (François)
- "Eléments sensoriels de la vision", *Voir, entendre,* Revue d'esthétique (Paris, Union Générale d'Editions, 1976/4, Coll. 10/18, pp. 202-216).

MONICELLI (Mario)
- Entretien in *Cahiers du cinéma* (Paris, Editions de l'Etoile, mars 1979, n° 298, pp. 12-15).

MORIN (Edgar)
- *Le Cinéma ou l'homme imaginaire* (Paris, Editions de Minuit, 1978, Coll. Arguments, 250 p.).

NOGUEZ (Dominique)
- *Eloge du cinéma expérimental* (Paris, Musée d'Art Moderne, Centre Georges Pompidou, 1979, 191 p.).

PANOFSKY (Erwin)
- *L'Œuvre d'art et ses significations, Essai sur les arts "visuels"*
  trad. fr. par Bernard Teyssèdre (Paris, Gallimard, 1969, Bibl. des
  Sciences humaines, 388 p.).

PEIRCE (Charles Sanders)
- *Ecrits sur le signe* , trad. fr. par Gérard Deledalle (Paris,
  Seuil,1978, Coll.L'ordre philosophique, 268 p.).

PERRET (Jacques)
- "Un homme et une femme, découpage - après montage définitif -
  et dialogues in extenso", *L'Avant-scène du Cinéma* (Paris,
  décembre 1966, n° 65, 44 p.).

PESSIS (Anne-Marie)
- *Modalités du film d'exploration en sciences sociales* (Nanterre,
  Thèse de doctorat de 3e cycle de Cinématographie, Université de
  Paris X, 1980, 188 p.).
- "Méthode d'analyse des représentations rupestres" (Paris, Ecole
  des Hautes Etudes en Sciences Sociales, 1981, Communication
  pour la première réunion scientifique de la Société Brésilienne
  d'Archéologie, *Symposium sur l'Art rupestre du Brésil,
  Méthodologie de l'analyse des figures*, Rio de Janeiro, septembre
  1981, 25 p.).

PIAGET (Jean)
- "Le problème des mécanismes communs dans les sciences de
  l'homme", *Actes du VIe Congrès Mondial de Sociologie*, Evian, 4-
  11 septembre 1966, vol. I. (Genève, Association Internationale de
  Sociologie,1966, pp. 21-48).

RACINE
- *Bérénice.*

ROBBE-GRILLET (Alain)
- Déclaration in *France-Observateur* du 18 mai 1961.

ROBERT (Paul)
- *Le petit Robert* (Paris, 1970).
- *Dictionnaire alphabétique et analogique de la langue française* en
  7 vol. (Paris, 1973).

ROSSELLINI (Roberto)
- Entretien in *Cahiers du Cinéma* (juillet 1954, n° 37), reproduit in
  La Politique des auteurs (Paris, Champ libre, 1972, pp. 74-85).
- Déclaration in *Cahiers du Cinéma* (n° 66), reproduite in *Etudes
  Cinématographiques* Théâtre et Cinéma 2, L'acteur (Paris, M.J.
  Minard - Lettres Modernes, janvier-mars 1962, n° 14-15, p. 79).

ROUCH (Jean)
–   Propos in *Le Monde* du 16 septembre 1971, reproduits in
    L'Avant-scène du Cinéma (Paris, mars 1972, n° 123, p. 7).
–   *Jean Rouch, une rétrospective* (Paris, Ministère des Affaires
    Etrangères, Cellule d'Animation audio-visuelle, 1981, 59 p.).

SADOUL (Georges)
–   *Histoire Générale du cinéma*, I. *L'Invention du cinéma* (Paris,
    Denoël, 1973, 446 p.).

SORLIN (Pierre)
–   *Sociologie du Cinéma* (Paris, Aubier-Montaigne, 1977, Coll.
    historique, 319 p.).

TERENCE
–   *Comédies*, II., trad. fr. par Emile Chambry (Paris, Garnier, 1948,
    Coll. Classiques Garnier, 516 p.).

TINLAND (Frank)
–   *La Différence anthropologique, essai sur les rapports de la nature
    avec l'artifice* (Paris, Aubier, 1977, Coll. Analyse et raisons, 454
    p.).

TOUBIANA (Serge)
–   "Critique de *La Dame aux camélias*", *Cahiers du Cinéma* (Paris,
    Editions de l'Etoile, avril 1981, n° 322, p. 60).

FILMS CITÉS

ACKERMAN (Chantal)
- *Jeanne Dielmann*, 35 mm, couleur, 190 minutes, 1975.

ALLIO (René)
- *La Vieille dame indigne*, 35 mm, noir et blanc, long métrage, 1964.

ANTONIONI (Michelangelo)
- *Blow up*, 35 mm, couleur, long métrage, 1967.

ASCH (Timothy) et CHAGNON (Napoleon)
- *The Feast*, 16 mm, couleur, 30 minutes, 1969.

AUTANT-LARA (Claude)
- *Le Blé en herbe*, 35 mm, noir et blanc, long métrage, 1954.

BELLON (Yannick)
- *Quelque part, quelqu'un*, 35 mm, couleur, long métrage, 1974.

BROOKS (Richard)
- *La Chevauchée sauvage (Bit the bullet)*, 35 mm, couleur, long métrage, 1974.

CARNÉ (Marcel)
- *Les Tricheurs*, 35 mm, noir et blanc, long métrage, 1958.

CLOUZOT (Georges-Henri)
- *Manon*, 35 mm, noir et blanc, long métrage, 1949.
- *La Vérité*, 35 mm, noir et blanc, long métrage, 1960.

COPPOLA (Francis Ford)
- *Apocalypse now,* 70 mm, couleur, long métrage, 1979.

CUGNY (Laurent)
- *Analytique : un meurtre,* 16 mm. couleur, 18 minutes, 1978.

DESQUINE (Pierre)
- *Thomas chez les M'bororo,* 16 mm, noir et blanc et couleur, 45 min., 1979.

DUPONT (Ewald-André)
- *Variétés,* 35 mm, noir et blanc, long métrage, 1925.

EASTWOOD (Clint)
- *Frissons dans la nuit (Play Misty for me),* 35 mm, couleur, long métrage, 1971.

ETAIX (Pierre)
- *Le Soupirant,* 35 mm, noir et blanc, long métrage, 1963.

FARREL (Georges)
- *Sapho, ou la fureur d'aimer,* 35 mm, couleur, long métrage, 1970.

FLAHERTY (Robert)
- *Nanook of the North,* 35 mm, noir et blanc, 70 minutes, 1922.
- *Man of Aran (L'Homme d'Aran),* 35 mm, noir et blanc, 77 minutes, 1934.

FLEISCHMANN (Peter)
- *La Faille,* 35 mm, couleur, long métrage, 1975.

FRANCE (Xavier de)
- *Patinage à roulettes,* 16 mm, noir et blanc, 30 minutes, 1965.

GODARD (Jean-Luc)
- *Une femme mariée,* 35 mm, noir et blanc, long métrage, 1964.

GREMILLON (Jean)
- *L'Etrange Monsieur Victor,* 35 mm, noir et blanc, 90 minutes, 1938.

GUITRY (Sacha)
- *Le Roman d'un tricheur,* 35 mm, noir et blanc, long métrage, 1936.

HAMER (Robert)
- *Noblesse oblige (Kind hearts and coronets),* 35 mm, noir et blanc, long métrage, 1949.

HAWKS (Howard)
- *Le Port de l'angoisse (To have and have not),* 35 mm, noir et blanc, long métrage, 1944.

HAYERS (Sidney)
- *Chapeau melon et bottes de cuir : La chasse au trésor,* 16 mm, couleur, 65 minutes, 1978.

HITCHCOCK (Alfred)
- *La Corde (Rope),* 35 mm, couleur, long métrage, 1948.
- *La Mort aux trousses (North by Northwest),* 35 mm, couleur, long métrage, 1959.
- *I saw the whole thing,* 35 mm, noir et blanc, 30 minutes, 1962.

JANCSO (Miklos)
- *Psaume rouge,* 35 mm, couleur, long métrage, 1972.

JESSUA (Alain)
- *La Vie à l'envers,* 35 mm, noir et blanc, long métrage, 1963.

LAJOUX (Jean-Dominique)
- *Le Joug,* 16 mm, noir et blanc, 20 minutes, 1970.

LAUTNER (Georges)
- *On aura tout vu,* 35 mm, couleur, 97 minutes, 1976.

LEENHARDT (Roger)
- *Daguerre ou la naissance de la photographie,* 35 mm, noir et blanc, court métrage, 1964.

LELOUCH (Claude)
- *Un homme et une femme,* 35 mm, noir et blanc, long métrage, 1961.

LE MOAL (Guy)
- *Le Grand masque Molo,* 16 mm, couleur, 20 minutes, 1968.

LE TACON (Jean-Louis)
- *Cochon qui s'en dédit,* super 8 mm, couleur, 45 minutes, 1980.

LEWIS (Jerry)
- *Docteur Jerry et Mister Love (The Nutty professor),* 35 mm, couleur, 90 minutes, 1963.

LOURDOU (Philippe)
- *Kebo,* Super 8 mm, couleur, 17 minutes, 1978.

LUMIERE (Auguste et Louis)
- *Le Forgeron,* 35 mm, noir et blanc, court métrage, 1895.

MAC LAREN (Norman)
- *Mosaïque,* 16 mm, couleur, 5 minutes, 1965.

MINNELLI (Vincente)
- *Tous en scène (The Band wagon),* 35 mm, couleur, long métrage, 1954.

MOLNAR (François)
- *La Syntaxe du regard,* 16 mm, couleur, 30 minutes, 1978.

MONICELLI (Mario)
- *Risate di gioia,* 35 mm, noir et blanc, 90 minutes, 1960.

MORIN (Edgar) et ROUCH (Jean)
- *Chronique d'un été,* 16 mm, noir et blanc, 85 minutes, 1961.

NEKES (Werner)
- *Que s'est-il donc passé entre les images ? (T-Wo-Men),* 16 mm, couleur, 90 minutes, 1972.

OLMI (Ermano)
- *L'Arbre aux sabots,* 35 mm, couleur, 190 minutes, 1978.

PARIZOT (Pierre) et THOMAS (André)
- *La Coupe des légumes,* 16 mm, couleur, 18 minutes, 1973.

RADENAC (Albert)
- *La Croisière jaune,* 35 mm, noir et blanc, 25 minutes (version courte), 1932.

RADVANYI (Geza)
- *Quelque part en Europe,* 35 mm, noir et blanc, long métrage, 1947.

RAY (Satyajit)
- *Le Salon de musique,* 35 mm, noir et blanc, 100 minutes, 1958.

REED (Carol)
- *Le Troisième homme,* 35 mm, noir et blanc, long métrage, 1949.

RESNAIS (Alain)
- *Le Chant du styrène,* 35 mm, couleur, 14 minutes, 1958.
- *L'Année dernière à Marienbad,* 35 mm, noir et blanc, 93 minutes, 1961.
- *Muriel,* 35 mm, couleur, long métrage, 1963.

RICH (David Lowell)
- *Madame X...,* 35 mm, couleur, 90 minutes, 1965.

ROSSELLINI (Roberto)
- *L'Amour est le plus fort (Viaggio in Italia)*, 35 mm, noir et blanc, long métrage, 1953.

ROUCH (Jean)
- *Moi un noir*, 16 mm, couleur, 80 minutes, 1958.
- *La Goumbé des jeunes noceurs*, 16 mm, couleur, 30 minutes, 1965.
- *Petit à petit*, 16 mm, couleur, 270 minutes, 1971.

SINCLAIR (Malcom)
- *Maîtres de ballet*, 35 mm, noir et blanc, long métrage, 1943.

TRUFFAUT (François)
- *La Chambre verte*, 35 mm, couleur, long métrage, 1978.

VERTOV (DZIGA)
- *L'Homme à la caméra*, 35 mm, noir et blanc, 95 minutes, 1929.

VIGO (Jean)
- *A propos de Nice*, 35 mm, noir et blanc, 20 minutes, 1929.

VISCONTI (Luchino)
- *Senso*, 35 mm, couleur, long métrage, 1953.

Imprimé en France

Imprimeur :   Imprimerie Intégrée de l'Université de Paris X
                  200, avenue de la République
                  92001 Nanterre

Composition : Maïthé Capdessus
Couverture : Marie-Christine Bigot